T0129770

essentials

essentials liefern aktuelles Wissen in konzentrierter Form. Die Essenz dessen, worauf es als „State-of-the-Art" in der gegenwärtigen Fachdiskussion oder in der Praxis ankommt. *essentials* informieren schnell, unkompliziert und verständlich

- als Einführung in ein aktuelles Thema aus Ihrem Fachgebiet
- als Einstieg in ein für Sie noch unbekanntes Themenfeld
- als Einblick, um zum Thema mitreden zu können

Die Bücher in elektronischer und gedruckter Form bringen das Expertenwissen von Springer-Fachautoren kompakt zur Darstellung. Sie sind besonders für die Nutzung als eBook auf Tablet-PCs, eBook-Readern und Smartphones geeignet. *essentials:* Wissensbausteine aus den Wirtschafts-, Sozial- und Geisteswissenschaften, aus Technik und Naturwissenschaften sowie aus Medizin, Psychologie und Gesundheitsberufen. Von renommierten Autoren aller Springer-Verlagsmarken.

Weitere Bände in der Reihe http://www.springer.com/series/13088

Stefan Schmid

Themenplanung im Unternehmen

So kommt der rote Faden in Ihre Kommunikation

Stefan Schmid
Olching, Deutschland

ISSN 2197-6708   ISSN 2197-6716   (electronic)
essentials
ISBN 978-3-658-30060-9   ISBN 978-3-658-30061-6   (eBook)
https://doi.org/10.1007/978-3-658-30061-6

Die Deutsche Nationalbibliothek verzeichnet diese Publikation in der Deutschen Nationalbibliografie; detaillierte bibliografische Daten sind im Internet über http://dnb.d-nb.de abrufbar.

Planung/Lektorat: Stefanie Winter
Springer Gabler ist ein Imprint der eingetragenen Gesellschaft Springer Fachmedien Wiesbaden GmbH und ist ein Teil von Springer Nature.
Die Anschrift der Gesellschaft ist: Abraham-Lincoln-Str. 46, 65189 Wiesbaden, Germany

Was Sie in diesem *essential* finden können

- Eine Methode, Themen langfristig-strategisch auszurichten
- Ein systematisches Vorgehen, nach denen sich Themen kurzfristig-konzeptionell einschätzen und in ihrer Kommunikation planen lassen
- Insgesamt ein Instrumentarium, das dabei helfen kann, einen roten Faden in Ihre Kommunikation zu weben

Vorwort

Organisationen treiben einen enormen Aufwand, um ihr Image in der Öffentlichkeit zu beeinflussen. Je nach Größe beschäftigen sie hierfür, neben dem klassischen Marketing, große Kommunikationsbereiche mit Redakteuren, Grafikern, Projektmanagern oder Online- und IT-Spezialisten. Bei kleineren Unternehmen haben oft auch nur Einzelpersonen ein Auge auf das Außenbild und kämpfen sich als Allrounder durch die Öffentlichkeitsarbeit. Dafür stehen ihnen eine Vielzahl an Instrumenten zur Verfügung. Das geht von der klassischen Pressemitteilung, Pressekonferenzen, Hintergrundgesprächen, Events, Redaktionsbesuchen über Magazine, Newsletter bis hin zu sozialen Plattformen wie Facebook, Instagram und Co. Unternehmen, die einen größeren Kommunikationsaufwand betreiben, geben nicht selten selbst so viele Medien heraus, dass sie es mit klassischen Verlagen aufnehmen könnten. Früher nannte sich das Corporate Publishing, heutzutage meist Content Marketing. Dabei richtet sich die Medienvielfalt an Kunden, Geschäftspartner, Politik, Journalisten, die eigene Branche und selbstverständlich auch nach innen an die eigenen Mitarbeiterinnen und Mitarbeiter.

Wo ist der rote Faden?
Was oft auf der Strecke bleibt, ist der Gesamttenor ihrer Kommunikation, die übergreifende Botschaft. Das ist verständlich, denn schließlich ist es aufwendig, all die Medien herauszugeben oder zu organisieren. Themen müssen recherchiert und aufbereitet werden, kommen in unterschiedlicher Ausprägung oft für mehrere Medien infrage und müssen entsprechend koordiniert werden. Hier nicht unbedingt übergreifend auf konsistente Botschaften zu achten, wird nicht selten mit einem schulterzuckenden „Themen lassen sich halt nicht planen" entschuldigt. Man müsse flexibel reagieren, auf all das, was da so komme. Dabei

hat das eine wenig mit dem anderen zu tun. Denn natürlich lebt Kommunikation davon, flexibel auf aktuelle Herausforderungen zu reagieren. Allerdings ist das nur die passive Pflicht. Die eigentliche Kür besteht darin, aktiv zu werden, Themen selbst zu setzen, sogenanntes Agenda-Setting zu betreiben. Das wird nie zur Gänze möglich sein, sollte aber doch zumindest ansatzweise gelingen. Hierfür heißt es: planen, was sich planen lässt und beim Rest beweglich bleiben.

Themenvielfalt zwingt zur Planung

Meine persönlichen Kommunikationserfahrungen spielten sich zunächst in einem Umfeld ab, das keine Flexibilität erlaubte, Themen in irgendeiner Form zu managen oder zu treiben. Als Presseoffizier erhielt ich klare Vorgaben von meiner vorgesetzten Dienststelle, an die ich mich zu halten hatte. Kommunikation beschränkte sich im Grunde genommen auf reaktive Pressearbeit. Dies änderte sich schlagartig mit dem Übertritt ins Zivilleben. In einer zivilen Organisation oder einem Unternehmen überschlagen sich die Themen. Innovation – technische Neuerungen – Kunden – Personal – rein interne Projekte – Kooperationen – Gesundheitsthemen – wirtschaftliche Kennzahlen – Strategien – Kampagnen – Wettbewerber – Compliance – etc.: Unweigerlich hat man das Gefühl, in diesem Wirrwarr unterzugehen. Denn natürlich sind alle Themen wichtig, zeitlich kritisch und müssen unbedingt vorangetrieben werden. Recht schnell vermisste ich dabei die strikten Vorgaben einer vorgesetzten Dienststelle. Diese schränkten zwar den eigenen Handlungsspielraum ein, verliehen aber doch auch ein gewisses Maß an Sicherheit. Wie um alles in der Welt sollte ich mich nun in einem solch volatilen Umfeld freischwimmen, den Überblick gewinnen und die richtigen Prioritäten setzen? Diese Frage sollte mich viele Jahre begleiten.

Wenig Hilfe

Dabei konnte ich recht schnell feststellen, dass nicht nur ich armer Ex-Pressoffizier mit ihr zu kämpfen hatte, sondern dass es vielen Kolleginnen und Kollegen so ging, die mit Kommunikation zu tun hatten. Also musste es Literatur, Seminare etc. geben, die praktische Handlungsmöglichkeiten aufzeigten. Wenig überraschend empfahlen all diese Quellen, aus der vorhandenen Unternehmens-, sauber eine Kommunikationsstrategie abzuleiten. Nun weiß jeder, der aus der Praxis eines Unternehmens kommt, dass das meist leichter gesagt als getan ist. Denn oft genug ist die Unternehmensstrategie selbst nicht stringent oder einfach zu komplex, um daraus eine klare Kommunikationsstrategie zu ziehen. Je schwächer eine übergreifende Strategie ausgeprägt ist, desto schwieriger wird es, eigene Strategien daraus abzuleiten. Man kann sich sicherlich ausmalen, was das bedeutet, wenn man für eine Non-Profit-Organisation oder eine Behörde arbeitet. Denn meist richten die ihre Arbeit noch viel weniger an einer übergeordneten Strategie zielgerichtet aus. Die Inhalte all dieser Ratgeber wurden also recht schnell zu rein akademischen Übungen, die einem in der eigenen Arbeit nicht weiterhalfen.

Der Aufbau des Essentials

Dieses Essential zeigt einen Ansatz, der über viele Jahre in der Praxis und aus der Absicht gewachsen ist, natürlich flexibel, aber insgesamt dann doch strategisch zu kommunizieren. Hierfür gibt es klare Schritte, die ich empfehlen kann. Mit ihnen schafft man sich einen strategischen Rahmen, innerhalb dessen sich scheinbar verworrene Inhalte ordnen lassen. Auf diesem grundsätzlichen Fundament baut dann die operative Planung auf, die nichts Anderes ist, als eine feste Vorgehensweise an Themen heranzugehen, sie einzuordnen und sie schließlich zu kommunizieren. Am Ende fasst das Essential nochmals einige wichtige Punkte und Muster zusammen, die gerne 1:1 Ihrer eigenen Planung dienen können. Vielleicht geben sie aber auch eine nützliche Anregung, um sie in die eigene Vorgehensweise einfließen zu lassen, denn letztlich sollte wohl jeder seine eigene Systematik entwickeln. Damit das Ganze nicht zu theoretisch-trocken wird, spiele ich die einzelnen Schritte an dem Beispiel eines fiktiven mittelständischen Unternehmens durch. Vielleicht würden Sie hier manche Punkte anders einschätzen. Das ist möglich und vollkommen in Ordnung. Denn letztlich dienen die einzelnen Schritte nur dazu, Ihnen die generelle Vorgehensweise zu verdeutlichen, im Detail sind aber durchaus auch andere Ergebnisse denkbar.

Stefan Schmid

Inhaltsverzeichnis

Über den Autor

Stefan Schmid sammelte 14 Jahre lang nationale und internationale Erfahrung als Offizier der Bundeswehr. Im letzten Drittel seiner Dienstzeit absolvierte er eine Ausbildung zum Presseoffizier und arbeitete als solcher für ein Bundeswehr-Bataillon und für die NATO. Nach seinem Ausscheiden war er rund 10 Jahre Führungskraft in der Unternehmenskommunikation eines großen deutschen Nutzfahrzeugherstellers. Aktuell berät er hauptberuflich den Geschäftsführer eines kommunalen Unternehmens in allen Fragen rund um Kommunikation und arbeitet nebenher als freier Autor und Kommunikationsberater.

Einleitung – Von der Pflicht zur Kür: Agenda-Setting

Es ist das tägliche Leid, nein, selbstverständlicher Teil der Aufgabe aller Menschen, die in der Unternehmenskommunikation arbeiten: Viele Kolleginnen und Kollegen wollen etwas, denn sie haben wichtige Themen, die natürlich die ganze Welt erfahren muss. Der CEO wünscht beispielsweise, dass die Süddeutsche Zeitung ihn endlich porträtiert und zeigt, wie er wirklich ist, Abteilungen wollen, dass unternehmensintern endlich mal publik wird, wie viel sie eigentlich für den Unternehmenserfolg tun. Es gilt, die neuesten Quartalszahlen bekannt zu geben. Gerade eben hat man einen Preis für ein Forschungsprojekt bekommen. Gleichzeitig steht ein großer Produktrückruf bevor, der die geplante nächste Qualitätsoffensive natürlich gründlich konterkariert. Andererseits hat eine Kollegin gerade einen Preis im Poetry Slam gewonnen und eine andere wurde vom Naturschutzbund ausgezeichnet, weil sie sich seit 30 Jahren in der Organisation der herbstlichen Krötenwanderung engagiert. Wären das nicht schöne Geschichten für die interne Kommunikation? Die Themen türmen sich auf, wie eine unüberwindbare Flutwelle und wollen an die Öffentlichkeit, Aktionäre, Kunden oder die Belegschaft. Manche davon erscheinen katastrophal, andere wichtig und viele einfach nur schön. Es gibt welche, die überraschend aufkommen und einige jahreszeitengleich immer wieder, wie zum Beispiel die Jubilar-Ehrung der Mitarbeiterinnen und Mitarbeiter.

Themen über Themen
Meist findet die Themen-Flutwelle ihren Weg in die Unternehmenskommunikation ganz von alleine. Hinzukommt aber auch noch der Input, der in Redaktionsmeetings von Kolleginnen und Kollegen zusammengetragen wird. Wichtig und relevant erscheint irgendwie alles davon. Also soll man sich überschlagen und die Themen möglichst komplett abarbeiten? Priorisiert man sie zeitlich? Ist der

© Der/die Herausgeber bzw. der/die Autor(en), exklusiv lizenziert durch
Springer Fachmedien Wiesbaden GmbH, ein Teil von Springer Nature 2020
S. Schmid, *Themenplanung im Unternehmen*, essentials,
https://doi.org/10.1007/978-3-658-30061-6_1

Hierarchiestatus der involvierten Personen ausschlaggebend? Sind nur die markt-relevanten Themen wichtig, weil sie sich finanziell auswirken? Ohne klares Ordnungsprinzip passiert es recht schnell: Die Unternehmenskommunikation wird zum Getriebenen. Da heißt es dann strampeln, um den Kopf mühsam über Wasser zu halten. Im besseren Fall gelingt das, im schlechteren geht man im Geflecht interner und externer Themen gnadenlos unter. Schönes Arbeiten sieht in jedem Fall anders aus. Wie also all die Themen kontrollieren – agieren statt reagieren? Oder – um im Bild zu bleiben – wie die Welle reiten anstatt von ihr gnadenlos weggespült zu werden? Um diese Kernfrage der Unternehmens-kommunikation zu beantworten, haben viele Kommunikationsbereiche den Blick zu denen gerichtet, die wissen müssten, wie es geht. Ist es doch ihr Daily Business, Themen in Medien einzuspielen: den Verlagen.

Klassische Newsrooms
Ab Ende des 20. Jahrhunderts hatten die nicht mehr nur ihre Zeitungen und Magazine zu bedienen, sondern es gesellte sich ein Kanal hinzu, der von den Print-Kolleginnen und Kollegen zunächst noch etwas belächelt wurde. Es dauerte allerdings nicht lang, bis er die Führung übernahm: das Internet oder die Online-medien. Getrennte Print- und Onlineredaktionen führten zunächst dazu, dass Doppelarbeit geleistet und Themen mehrmals aufbereitet wurden. Mangelnde Effizienz und misstrauisches gegenseitiges Beäugen beherrschten den Redaktions-alltag, wo man doch effektiv und möglichst effizient zusammenarbeiten wollte. Anfang des 21. Jahrhunderts sollte die Organisationsform des sogenannten Newsrooms oder Newsdesks die strikte Trennung zwischen Online- und Print-redaktion aufheben. Dadurch wurden natürlich auch Redakteursstellen eingespart, aber selbstverständlich ist so etwas nie beabsichtigt, sondern lediglich nützlicher Nebeneffekt. Nun sollten eingehende Meldungen einheitlich über die Ressortleiter in die unterschiedlichen Medien eingesteuert werden. Themen wurden nicht mehr zeitaufwendig und arbeitsintensiv doppelt für online und Print aufbereitet. Statt-dessen kam einmal erstellter Inhalt/Content effizient und mehrfach zum Einsatz.

Corporate Newsrooms
Genau das ist es doch, was auch die Themenflut in Unternehmen bändigen könnte: Themen nur einmal aufbereiten und in mehrere Medien einsteuern. Innovative Kommunikationsmanager machten also die klassischen Newsrooms der Verlage zu sogenannten Corporate Newsrooms der Unternehmen bzw. der Kommunikations-bereiche. Hier gab und gibt es immer noch sämtliche Ausprägungen: Elemente des Newsrooms, Mischformen klassischer und Newsroom-Struktur oder sogar die komplette Organisation der Unternehmenskommunikation als Newsroom.

Kommunikationsleiter, denen diese Transformation geglückt war, wurden zu beliebten Gesprächspartnern der Kommunikationsfachmedien und als leuchtende Best-Practice-Beispiele populär. Die Gefahr dabei: Unternehmenskommunikation ist kein Verlagsgeschäft. Im Gegensatz einer herkömmlichen Redaktion verfolgt sie einen Auftrag, der sich nur begrenzt durch einen ausschließlich Content-verarbeitenden Ansatz durchführen lässt. Denn einfach zusammengefasst, soll Kommunikation die Strategie des Unternehmens unterstützen – nach innen und nach außen.

Content-Orientierung versus Strategie
Das soll keine Kritik an der sicherlich sinnvollen Newsroom-Organisation sein. Die vielen Themen und die Anzahl unterschiedlicher Kanäle und Medien innerhalb eines Unternehmens lassen sich durch diese neue übergreifende Organisations-form hervorragend beherrschen. Aber auch wenn der Newsroom richtigerweise die Themen in den Mittelpunkt rückt, anstelle der Medien, besteht doch die Gefahr, dass es bei seiner bloßen Funktion der Themenorganisation bleibt. Und das wäre fatal, denn damit wäre eigentlich nur die Pflichtaufgabe erfüllt. Gehört zur Kür nicht vielmehr, mit all den Themen, über die zur Verfügung stehenden Medien eine Gesamtbotschaft zu vermitteln? Ich denke schon, denn nur dann gelingt es, aus der passiven themenverarbeitenden Haltung herauszukommen und Themen aktiv zu setzen und vorzugeben – Agenda-Setting zu betreiben. Dazu gehört auch, Content übergreifend und effizient zu verarbeiten. Elemente der Newsroom-Organisation können dabei sehr hilfreich sein. Über all dem sollte aber stehen, Themen lang-fristig strategisch und kurzfristig-operativ zu planen.

Von Visionen, Strategien und Maßnahmen

2

Was Sie in diesem Kapitel finden können
- Die Bedeutung von Vision, Strategie und Maßnahmen der Kommunikation
- deren Abgrenzung und Zusammenspiel

Dieses Essential soll ein praktischer und griffiger Leitfaden sein, um Kommunikationsinhalte zu planen. Ratgeber, die dabei helfen, Visionen herzuleiten und zu formulieren gibt es wie Sand am Meer. Also keine Angst, es folgen keine „5 Schritte zur Vision", „der kurze Weg zur Vision" oder gar „die gecoachte Traumreise zur Vision". Dennoch ist es hilfreich, auf die Zusammenhänge und Unterschiede von Vision – Strategie und Taktik bzw. operativen Maßnahmen hinzuweisen. Denn allzu leicht werden diese in aufgeregter Planungseuphorie durcheinandergeworfen. Dann rutschen Inhalte in die

strategische Planung, die eigentlich in die Vision gehören. Mit dem Ergebnis, dass sie viel zu vage sind. Oder Umsetzungsmaßnahmen werden Teil der Strategie und können als solches natürlich überhaupt nicht ihre Wirkung entfalten.

Die Kommunikationsvision

Der Altkanzler Helmut Schmidt meinte: „Wer eine Vision hat, der sollte zum Arzt gehen". Damit tat er die Vision als etwas wenig Greifbares, Unkonkretes ab, das keine wirkliche Auswirkung auf die Realität und damit keinen praktischen Wert hat. Für uns hat sie das aber durchaus, denn die Vision unserer Kommunikation legt fest, in welcher Art und Weise wir kommunizieren wollen. Sie hat Einfluss darauf, wie die Kommunikation grundsätzlich aufgestellt ist – mit welchem Aufwand wir sie betreiben, wie viel die Organisation in Kommunikation investiert etc. Damit ist die Vision so etwas wie der Nordstern der Kommunikation. Weil sie sehr stark von der Art des Unternehmens abhängt, mag sie in einer hierarchischen Organisation anders aussehen als in einem jungen Start-up. Es gibt Unternehmen, die abseits des Lichts der Öffentlichkeit agieren wollen, aber auch welche, die fortlaufend und offensiv die öffentliche Aufmerksamkeit suchen. Der Business-to-Business- unterscheidet sich wiederum grundlegend vom Business-to-Consumer-Sektor. Denn gegenüber Geschäftskunden kommuniziert man in der Regel weit sachlicher und weniger werblich, als gegenüber dem Endkunden. Die Kommunikationsvision kann beinhalten, so transparent wie möglich aufzutreten, Mitarbeiterinnen und Mitarbeiter bei Themen und Projekten miteinzubeziehen oder aber, sich eher konservativ zu verhalten und beispielsweise nur zu kommunizieren, was der Gesetzgeber vorschreibt. Auch der Kommunikationston kann in ihr beschrieben sein: freundlich-humorvoll, dezent-sachlich oder aber offensiv und frech. Sie kann auch die Kommunikationsgeschwindigkeit thematisieren, ausdrücklich schnell und offensiv oder aber langsam und passiv.

Was ist was?

Ganz klar: Die Vision ist keine Strategie. Sie ist allgemein und beschäftigt sich nicht mit Inhalten. So könnte sich beispielsweise aus der Vision ableiten, die Belegschaft an Themen zu beteiligen und hierfür regelmäßig das Medium Belegschaftsveranstaltung mit Workshop-Charakter einzusetzen. Welche Schwerpunktthemen dabei infrage kommen, ist wiederum etwas, was aus der Strategie kommen sollte. Die konkreten Inhalte ergeben sich dann aus der kurzfristigen Themenplanung. Und trotzdem wird hier in der Realität oft nicht sauber unterschieden. Dann werden allzu schnell Bestandteile von Vision, Strategie und praktischer Umsetzung durcheinandergewürfelt. Im Ergebnis entsteht dann eine Planung, die sozusagen keinen praktischen Wert besitzt.

▶ **Wichtig** Welche Kommunikationsmedien eingesetzt werden und wie sie konzipiert sind, ergibt sich aus der Kommunikationsvision. Ihre inhaltlichen Schwerpunkte gibt die Kommunikationsstrategie vor, die detaillierten Inhalte sind Teil der Umsetzung und kommen aus der operativen Kommunikationsplanung.

Strategische Themenplanung

Was Sie in diesem Kapitel finden können
- Woher Strategie kommt
- Warum sie für Kommunikation nicht so einfach ist
- Wieso wir dennoch nicht auf sie verzichten können
- Was uns dabei hilft
- Welche Schritte wir dabei tun können
- Wie das anhand eines praktischen Beispiels aussieht

Strategie ist ein großes Wort, das gerne zum Einsatz kommt. Im Business-Umfeld ist es schlicht überstrapaziert und wird entsprechend häufig zur schlaffen Hülle, die bei Weitem nicht hält, was sie zunächst verspricht. Strategische Planung,

strategischer Ansatz, Strategiepapier, etc.: Es wird recht schnell klar, „Strategie"
soll bedeuten, dass etwas einen größeren Sinn ergibt – dass irgendjemand über eine
Sache nachgedacht hat, diese idealerweise mit anderen Inhalten zusammenhängt
und dies vollkommen klar und darum auch mit- und aufeinander abgestimmt ist.

Hintergrundinformation Strategie

Der Begriff Strategie stammt ursprünglich aus dem Griechischen, kommt wie so vieles aus
dem Militär und bedeutet Heeresführung (stratos für Heer, agein für führen). Der Stratege
war also der Führer des Heeres. Und auch heutzutage ist Strategie ein ganz wesentlicher
Bestandteil der militärischen Ausbildung, wobei diese deutlich zwischen Strategie und
Taktik unterscheidet. So sagte schon der preußische General und Militärwissenschaft-
ler Carl von Clausewitz im 19. Jahrhundert, Strategie sei die Lehre vom Gebrauch der
Gefechte und Taktik, die vom Gebrauch der Streitkräfte im Gefecht. Strategie ist also ein
übergeordneter Plan, der langfristig ausgelegt ist. Die Taktik dagegen plant die unmittel-
bare Gefechtshandlung.

Wie wichtig die klare Unterscheidung zwischen Strategie und Taktik ist, werden
wir noch an späterer Stelle sehen. Im zivilen Arbeitsalltag, speziell in der
Kommunikation, verschwimmen die Grenzen zwischen diesen beiden Bereichen
sehr oft.

Strategie in der Kommunikation

Trotz seiner militärischen Vergangenheit dürfte der Begriff Strategie heutzutage vor allen Dingen im zivilen Zusammenhang geläufig sein. Hier umfasst
strategische Planung im Allgemeinen den Zeitraum von zwei bis zehn Jahren.
Wie erwähnt, Strategiepapier, strategischer Ansatz, Stratege – man schmückt
sich gerne mit dem Begriff. So auch in der Kommunikation. Kommunikations-
strategien, strategische Kommunikation: Auch verdeutlicht dieser Zusatz
gerne die Ganzheitlichkeit der eigenen Kommunikationsmaßnahmen. Dabei
ist der Anspruch der strategischen Kommunikation recht ehrgeizig. Denn, wie
geschildert, ist das Tagesgeschäft der Kommunikation normalerweise alles andere
als langfristig ausgelegt und zwingt meist zum situativen Themen-Hopping. Es
ist leichter gesagt als getan, mit Blick in die Zukunft zu agieren, wenn man,
festgepinnt in der Defensive, versucht, auf Themen mehr schlecht als recht zu
reagieren. Jeder, der im Bereich der Unternehmenskommunikation gearbeitet hat,
wird mehr als einmal die Erfahrung gemacht haben, dass eine einzige, unschein-
bar wirkende Presseanfrage den gesamten geplanten Arbeitstag bestimmen und
letztlich zerschießen kann. Was man sich vorgenommen hat, muss auf einmal
Platz machen für Themen, die einen nicht selten unvorbereitet überrumpeln. Wie

sollte man da eine langfristige Strategie verfolgen können? Zugegeben, das ist nicht einfach und auch nur in einem gewissen Rahmen möglich. Dennoch sollte man alle Anstrengungen unternehmen, sich vom bestimmenden Alltagsgeschäft so weit frei zu machen, dass der Raum für Planung entsteht.

Keine Strategie – kein roter Faden
Denn genauso, wie es für ein Unternehmen oder eine Organisation unerlässlich ist, den Blick in die Ferne zu richten, muss es auch die Kommunikation tun. Letztlich ist es ihre Aufgabe, die Unternehmensstrategie kommunikativ zu begleiten. Das ist nur möglich, wenn sie sich, aller Themenfülle zum Trotz, langfristig orientiert. Dabei sollte sie all die Einzelthemen so ausrichten, dass sich aus ihnen ein beabsichtigtes Gesamtbild ergibt, das wiederum einen langfristig angelegten Plan stützt. Die strategische Themenplanung wird somit zum Fundament aller weiterer Kommunikationsmaßnahmen und sollte entsprechend solide sein. Ansonsten bleibt es dem bloßen Zufall überlassen, inwieweit es gelingt, einen roten Faden in das Themenknäuel des Alltags zu weben und es so zu entwirren, dass eine Gesamtrichtung entsteht. Das kann vielleicht auch intuitiv und ungesteuert funktionieren. Allerdings ist das dann aber dem Zufall überlassen und lässt Kommunikation schnell zum aktionistischen Stückwerk werden. Wirklich nachhaltig wirkt Kommunikation, wenn man auch langfristig weiß, was man tut. Und – nebenbei bemerkt – die Arbeit des Kommunikators macht so auch wesentlich mehr Freude, da sie aus einer rein reaktiven Ecke in die steuernde und aktive Rolle kommt.

3.1   Der Rahmen: Strategie, Werte Leibilder & Co

Die gute Nachricht vorweg: Kommunikationsplanung findet nie auf der grünen Wiese statt. Natürlich nicht, denn ein Unternehmen oder eine Organisation kommunizieren nicht zum Selbstzweck, sondern in der Regel, um ihre übergeordnete Zielsetzung zu unterstützen. An dieser übergeordnete Zielsetzung muss die sich die Kommunikationsstrategie ausrichten. Daneben gibt es aber auch noch zahlreiche andere Faktoren, die beschreiben, wie sich das Unternehmen gegenüber verschiedenen Anspruchsgruppen auftreten will. Auch sie spielen in der langfristigen Ausrichtung der Kommunikation eine Rolle. Das können sein: Leitbilder, Markenwerte, Kundenversprechen, Vision, Mission Statement etc.

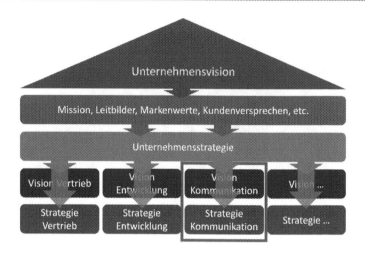

Die Werte

Der Einfachheit halber fasse ich sie unter dem Begriff Werte zusammen. Wie schon ausgeführt, sind sie wichtig, denn sie geben den Rahmen vor, in dem Kommunikation arbeitet. Agiert sie schnell? Müht sie sich ausdrücklich, immer umfassend und transparent zu sein? Ist sie nahbar oder eher sachlich distanziert? Hier lässt sich keine allgemein gültige Aussage treffen, denn die Werte sind grundsätzlich unterschiedlich.

Gerade kleinere Unternehmen oder Organisationen haben nun aber vielleicht etwas anderes zu tun, als Werte schriftlich nieder zu schreiben, geschweige denn aufwendig herzuleiten. Auch in diesem Fall lohnt es sich für Kommunikation festzuhalten, wie man sich gegenüber den unterschiedlichen Anspruchsgruppen verhalten will. In der Regel sind das die eigenen Mitarbeiterinnen und Mitarbeiter, Kunden, Aktionäre, breitere Öffentlichkeit, ggf. Mitglieder etc. – ganz abhängig von Unternehmen oder Organisation. Das Beschriebene legt die grundsätzliche Ausrichtung und die Tonalität der Kommunikation fest und findet sich auch in der Kommunikationsstrategie wieder.

Die Strategie

Nun kommen wir zum Punkt, in dem sich dieses Essential hoffentlich von vielen Ratgebern unterscheidet. Denn diese raten gewöhnlich dazu, die Kommunikationsstrategie sauber aus der Unternehmensstrategie abzuleiten. Mit diesem Lehrbuchtipp lassen sie den armen Leser dann aber auch im Regen stehen und zeigen leider nicht, wie das nun konkret geschehen soll. Denn in der Realität ist so eine Unternehmensstrategie nie so, wie man es sich als Kommunikator wünscht. Stattdessen kann sie hochkomplex und umfangreich sein oder aber bewusst einfach, mit viel auszugestaltenden Freiraum. Planen wir für eine heterogene Organisation, die aus mehreren selbstständig agierenden Elementen besteht, können wir es sogar mit vielen unterschiedlichen Einzelstrategien zu tun haben. Dann ist es unter Umständen auch gar nicht sinnvoll, ein kommunikatives Dach darüber zu spannen, sondern vielmehr für jeden Teilbereich einzeln zu planen. Gleich, ob es sich nun um eine einzige homogene Strategie oder aber mehrere unterschiedliche handelt, wir sollten versuchen, sie zu gliedern. Oft ist sie das ohnehin schon. Handelt es sich um ein kleineres Unternehmen, dürfte es recht einfach sein, einen roten Faden zu erkennen. Bei größeren, möglicherweise heterogenen kann es – wie beschrieben – durchaus etwas aufwendiger werden.

In unserem folgenden Beispiel gehen wir davon aus, dass unser Unternehmen recht homogen ist und auch ein klares Ziel verfolgt.

> ▷ **Wichtig** Strategie, Markenwerte, Kundenversprechen und Ähnliches
> bieten, neben der Unternehmensstrategie, den Rahmen der Kommu-
> nikationsstrategie.

3.2 Das Beispiel

Damit unsere ganze Kommunikationsplanung nicht theoretisch bleibt, spielen wir sie Schritt für Schritt an einem praktischen Beispiel durch. Natürlich zerre ich dafür nicht die tatsächliche Strategie eines Unternehmens an die Öffentlichkeit. Es handelt sich hierbei vielmehr um eine rein fiktive Organisation, die zu keiner Zeit im Markt tätig war. Wahrscheinlich hätte sie mit ihrer Strategie ohnehin nicht allzu viele Chancen. Das ist für unsere Zwecke aber vollkommen unerheblich, da es lediglich das veranschaulichende Vehikel für die Systematik sein soll, die dieses Essential vorstellt.

Mittelständischer Maschinenbau

Unser Beispiel dreht sich um ein mittelständisches Unternehmen, das mit seinen rund 500 Mitarbeiterinnen und Mitarbeitern im Bereich des Maschinenbaus tätig ist. Die Geschäfte laufen gut. Es produziert, bis auf ein paar kleinere Komponenten, noch in Deutschland. Die nächsten Jahre soll ins Ausland expandiert werden. Hier in erster Linie in den Osten, aber auch China ist ein -langfristiges Ziel. Das Unternehmen soll also wachsen. Da internationale Erfahrung und Marktkenntnis zu sehr begrenzt bis gar nicht vorhanden ist, soll das über die Kooperation mit anderen Unternehmen geschehen, die bereits vor Ort ansässig sind. Hierzu will man natürlich in Deutschland die Kosten senken, um hier auch die Produktion halten und gerade mit dem Vorteil der deutschen Qualität und Ingenieurkunst punkten zu können. Hierzu soll auch eine Qualitätsoffensive anlaufen, die gezielt in Workshops Qualität in den Produktionsprozessen untersuchen soll, ebenso wie ein Kostensenkungs- und Effizienzprogramm. Es ist allerdings nicht geplant, an der Belegschaft zu sparen. Im Gegenteil, auch in Deutschland sucht man Personal – vom Manager bis zu gewerblichen Kräften. Als erstes und zunächst auch einziges Werk außerhalb Deutschlands soll in Polen ein Standort für ein Komponentenwerk gefunden werden.

Markenwerte und Kundenversprechen
Soviel in groben Zügen zur Strategie. Die ist natürlich in einer schönen Powerpoint-Präsentation bis ins letzte Detail festgehalten. Produktionszielsetzungen, geplante Absatzzahlen in Deutschland und außerhalb – für jeden Markt eine eigene langfristige Zielsetzung. Um die eigene Unternehmensidentität für Kunden, Geschäftspartner, Öffentlichkeit und natürlich die eigene Belegschaft auf den Punkt zu bringen, hat das Unternehmen vier Markenwerte für sich definiert. Hinter denen stecken zwar viele Workshops mit Mitarbeiterinnen und Mitarbeitern, Führungskräften und sogar ausgewählten Kunden. Dennoch sieht das Ergebnis so aus, wie es für Maschinenbau-Unternehmen nicht ungewöhnlich und deswegen mehr oder weniger vorhersehbar sein dürfte. Unser Beispiel-Unternehmen steht für die Eigenschaften:

- verlässlich,
- flexibel,
- offen und
- kooperativ.

Damit die Kunden verstehen, was sie von unserem Beispielunternehmen erwarten können, gibt es für sie selbstverständlich auch noch ein Kundenversprechen:
„Wir sind ein verlässlicher Partner unserer Kunden und bieten deutsche Technik, weltweit."

3.3 Storytelling

Das übergreifende Ziel – die Strategie – der rote Faden: Nicht selten muss man sich durch 50–100 Seiten umfassende, komprimierte und ausgefeilte Powerpoint-Folien kämpfen, damit man die Essenz daraus ausformulieren kann. Zur Kommunikationsplanung ist es hilfreich, dies zu tun – so prägnant wie möglich, auf ca. eine DIN A 4 Seite. Hinter der Ausformulierung steckt das Prinzip des Storytellings, das wir uns auch noch später bei der operativen Kommunikationsplanung zunutze machen werden. Denn mit unserer Kommunikation wollen wir bei unseren Zielgruppen und nicht zuletzt bei uns selbst Eindrücke schaffen – Bilder. Und genau diese entstehen bei Menschen durch Geschichten. Also formen wir aus Powerpoint-bullet points ganze Sätze

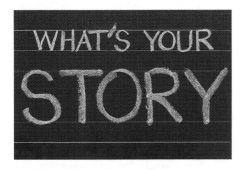

Hintergrundinformation Storytelling

Durch Geschichten entstehen bei Menschen Eindrücke und Bilder. Sie verknüpfen Inhalte miteinander und geben ihnen einen Rahmen. Sie wecken Emotionen und erlauben damit Anknüpfungspunkte an bereits vorhandene Gedächtnisinhalte. Informationen können leichter abgerufen werden. Storytelling macht sich somit natürliche, biologische Abläufe zunutze, denn Geschichten führen dazu, dass neuro-plastische Botenstoffe ausgeschüttet werden und die begünstigen, dass im Gehirn neue Vernetzungen entstehen – der Mensch lernt. Sie kreieren und erzählen damit eine Geschichte oder Neu-Deutsch: They tell a story.

Wie der Mensch so ist: Er nutzt biologische Phänomene aus, um damit Geld zu machen. Darum hat das Storytelling seinen großen Hype erfahren und letztlich auch seinen wohlklingenden Namen erhalten. Werbung verknüpft damit Kernbotschaften geschickt miteinander, lädt sie emotional auf und personalisiert sie. Besonders heimtückisch mischt sie auch noch einen Protagonisten, einen „Helden" in die Geschichte. Damit macht sie uns, ihre potenziellen Kunden, zum Akteur, denn Helden sind dazu da, um sich mit ihnen zu identifizieren. Die erzählte Geschichte wird somit unsere.

Ob unsere Story nun etwas geschliffener und ansprechender oder aber nüchterner ausfällt – es wird sich an verschiedener Stelle immer wieder zeigen, wie wichtig es ist, zusammenhängende Texte zu formulieren, um Sachverhalte auf Plausibilität und Konsistenz zu checken. Das Wissen um die Wirkung des Storytellings kann dabei zusätzlich helfen.

3.4   Der Ton macht die Musik

Die Art und Weise, in der wir die Story formulieren ist dabei nicht ganz unwichtig. Sie sollte zwar nicht zu formell, aber auch nicht zu ausfernd-blumig sein. Schließlich ist eine Unternehmensstrategie ein ernsthafter Kern und keine Rosamunde-Pilcher-Story. Sie sollte ansprechend und gut zu lesen und letztlich Ergebnis soliden Kommunikationshandwerks sein, unterhalten soll sie aber natürlich nicht. D. h. auch wenn wir die Grundprinzipien des Storytellings nutzen, eine Heldengeschichte sollte es nicht werden

Sofern wir sie zur Verfügung haben, lassen wir auch sonstige Werte in unsere Geschichte einfließen. Beschreiben Kundenversprechen uns somit unsere Haltung zu dieser Zielgruppe. Gleiches gilt für Markenwerte, Führungsleitbilder etc. Ziel ist schließlich eine Geschichte, die uns bzw. unseren Zielgruppen das Ideal des Unternehmens deutlich macht und darüber hinaus zeigt, wo die Reise strategisch in der nächsten Zeit hingehen soll.

Beispiel-Story
Unser Beispiel unter Abschn. 3.2 ist schon relativ nah an einer Story. Für unsere Kommunikationszwecke versuchen wir allerdings, sie noch weiter zusammenzufassen sowie Markenwert und Kundenversprechen einfließen zu lassen:

Wir stehen für deutsche Präzision und Technik. Aus deutschen Produktions-
stätten bieten wir Qualität zunehmend auch für internationale Märkte. Damit
das so bleibt, arbeiten wir mit unserer Qualitätsoffensive daran, Produkte zu
produzieren, auf die sich unsere Kunden zu 100 % verlassen können. Kosten-
bewusst heben wir mit (Programmname) alle vorhandenen Potenziale, um mit
unserer inländischen Produktion wettbewerbsfähig zu bleiben. Da wir erfolgreich sind, werden wir in den nächsten Jahren gerade international wachsen.
Hierfür arbeiten wir mit verlässlichen Partnern zusammen, die ebenso hohe
Qualitätsmaßstäbe verfolgen wie wir und die hervorragende Kenntnis der
jeweiligen Märkte besitzen. Unser geplantes Komponentenwerk in Polen wird
unser ansonsten deutsches Produktionsnetzwerk sinnvoll ergänzen und eine
Schlüsselrolle unserer Expansion in Osteuropa und Asien einnehmen. Der
Schwerpunkt unserer Produktion wird aber weiterhin Deutschland bleiben, wo
wir als beliebter und zuverlässiger Arbeitgeber unseren Mitarbeiterinnen und Mitarbeitern Sicherheit, und zunehmend auch internationale Entwicklungsmöglich-
keiten bieten werden.

3.5   Von der Story zu den Themenfeldern

Die Story unseres Unternehmens ist bewusst einfach gehalten, denn sie soll
schließlich auch ein übersichtliches Beispiel sein. Sie ist aber beliebig skalier-
bar, d. h. kann je nach Unternehmen länger oder kürzer ausfallen. Sie verdeutlicht nicht nur anderen, sondern auch uns selbst ein klares und einfaches Bild.
In unserem Fall, das eines relativ konservativen, soliden Unternehmens, das zu
seiner Belegschaft steht. Mit ihr zusammen arbeitet es daran, in Zukunft weltweit durch Qualität zu überzeugen und öffnet sich hierfür, um auch in fremden
Märkten kundenorientierte Produkte anbieten zu können. Ein sympathisches
Unternehmen mit ansprechendem strategischen Ziel. Idealerweise entsteht dieses Gesamtbild auch mittel-bis langfristig bei der Zielgruppe unserer
Kommunikation. Dafür sollten alle Kommunikationsschritte – Artikel, Filme,
Clips, Social-Media-Beiträge, Pressemeldungen, Interviews, Belegschaftsver-
anstaltungen – thematisch auf die formulierte Story einzahlen: einzelne, kleine
Kommunikationsschnipsel ergeben so ein großes, stimmiges Kommunikations-
gesamtbild.

Themenfelder
Dazu gehen wir nun sozusagen wieder einen Schritt zurück und gliedern unsere
Story – finden Zwischenüberschriften. Diese ergeben dann die Themenfelder
unserer Kommunikationsstrategie. Im Laufe des Planungszeitraums bilden diese
dann sozusagen unsere inhaltlichen Kategorien. Denen können wir Themen zum
einen zuordnen. Zum anderen erlaubt das aber auch, Kommunikationsbeiträge
inhaltlich so auszurichten, dass sie ein entsprechendes Themenfeld unterstützen.

Beispiel-Themenfelder
Für unser Beispiel-Unternehmen lassen sich folgende Themenfelder ableiten, die
somit zum Pfeiler unserer Kommunikationsstrategie werden:

1. Produktionseffizienz
2. Kostensenkungsprogramm
3. Qualitätsoffensive
4. Internationales Wachstum
5. Produktionswerk Polen

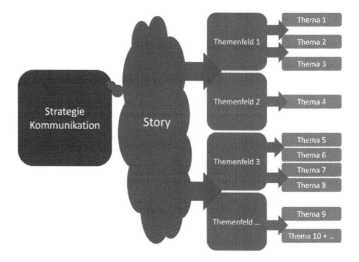

3.6   Themenfelder füllen

Insgesamt prägen sich unsere Themenfelder natürlich unterschiedlich aus. Je nachdem, ob sich die Kommunikation an eine externe oder eine interne Zielgruppe richtet. Themen der Produktionseffizienz sind beispielsweise wahrscheinlich eher etwas für die interne Kommunikation. Ebenso verhält es sich bei Qualitätsoffensive. Wobei diese dann doch auch ins Marketing oder die externe Kommunikation des Unternehmens einfließen kann. Generell wären das aber die Hauptthemenfelder, die wir mittel- bis langfristig besonders betonen sollten. Das heißt für unsere Umsetzung, dass wir unsere Themen anhand dieses Gerüsts kategorisieren. Das bedeutet nicht, dass wir Themen nicht kommunizieren, wenn sie unter keine dieser Überschriften passen. Es müssen auch nicht ausnahmslos alle Themen im Tenor unserer Kategorien aufbereitet werden. Es kann vorkommen, dass ein Thema auf mehrere Themenfelder gleichzeitig einzahlt. Kommunikation ist nicht Controlling, sondern ein weiches Thema. Es ist also auch schwer möglich, sie kategorisch und messerscharf zu planen. Stattdessen nehmen wir unsere Felder als Kursmarken. Sie schwenken unseren trägen Tanker der Kommunikation mittel- bis langfristig unweigerlich auf den beabsichtigten Themen-Kurs: Der rote Faden entsteht.

▶ **Wichtig** Die definierten Themenfelder sind ein Anhalt. Es gibt Themen, die ihnen nicht zuzuordnen sind. Ebenso wird es Themen geben, die auf mehrere einzahlen. Die Themenfelder können auch einen Hinweis darauf geben, wie bestimmte Themen dargestellt und betont werden sollten.

Taktisch/operative Themenplanung

4

Was Sie in diesem Kapitel finden können
- Den grundsätzlichen Unterschied zwischen Content- und Themenmanagement
- Eine systematische Vorgehensweise, Themen zu analysieren und ihre Kommunikation zu planen
- Deren praktische Umsetzung anhand eines fiktiven Beispiels
- Einen kurzen Exkurs, der zeigt, wie wichtig transparente Kommunikation für eine Organisation ist

Unter 1. Agenda Setting bin ich kurz auf die aus dem Verlagsgeschäft adaptierte Kommunikations-Organisationsform Newsroom eingegangen. Dabei habe ich mit der Feststellung „Unternehmenskommunikation ist nun einmal kein Verlagsgeschäft" dessen starke Content-Orientierung kritisiert. Denn sie birgt die Gefahr, Kommunikationsmanagement auf seine Funktion als Themendrehscheibe zu reduzieren, die hauptsächlich Content auf verschiedene Medien verteilt. Was hierbei schnell zu kurz kommen kann, ist der wirkliche Inhalt und seine Wirkung. Denn anders als im Verlagsgeschäft, geht es in der Unternehmenskommunikation darum, mit den Themen zielgerichtete Botschaften zu senden. Das wiederum setzt voraus, dass man sie nicht nur platziert und redaktionell professionell aufbereitet, sondern eben auch detaillierter betrachtet. Bestandteile, Arbeitsweisen und Organisationsformen wie der Newsroom können für das organisatorische Content Management äußerst hilfreich sein, das inhaltliche Themenmanagement – den detaillierteren Blick auf die Themen – ersetzen sie nicht. Bei der Übertragung der Redaktionsorganisationsform Newsroom in die Welt der Unternehmenskommunikation

sollten wir uns darum bewusst sein: Kommunikation unterstützt eine unter-
nehmerische Zielsetzung – ein wesentlicher Unterschied zum Journalismus.

Nicht Content-, sondern Themenmanagement
Die Entscheidungen, wann beispielsweise ein Intranetartikel an die Belegschaft zu formulieren ist, wann eine Pressemitteilung zum Thema versandt
wird und wann es zu einer Meldung im Kundenmagazin kommt, sind auch
Teil des Themenmanagements. Sie passieren aber erst nachgelagert und sind
eine vergleichsweise einfache Übung. Anspruchsvoller ist da der vorgelagerte
Blick auf den Gesamtkontext und die Schnittstelle zu anderen Themen. Hierzu
gehört auch, die Stakeholder zu identifizieren, also die Personen, die durch ein
Thema in irgendeiner Form betroffen sein könnten. Ein wesentlicher Schritt,
der dem folgt, ist die Antizipation ihrer möglichen Vorbehalte, Reaktionen
und dann die Ableitung notwendiger Botschaften. Gerade in dieser Arbeit sind
Kommunikationsexperten gefragt, die erst nachgelagert darüber nachdenken,
in welcher Aufmachung die Inhalte in welches Medium einfließen sollen –
Content managen. Wie der dann im Detail zu formulieren, zu organisieren oder
zu filmen ist, ist auch wichtig, aber letztlich journalistisches Handwerk. Wirk-
lichen Nutzen bringt das Kommunikationsmanagement im Vorfeld (Abb. 4.1).

Abb. 4.1 Mehr
als Content:
Themenmanagement

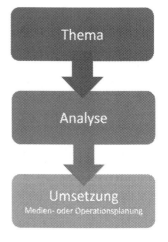

Es macht den wahren Mehrwert für die Unternehmenskommunikation aus, der den roten Themenfaden nicht dem Zufall überlässt, sondern ihn schafft, indem er die langfristige Planung systematisch und sauber mit den Einzelthemen verwebt.

Viele Wege führen zum Ziel
Ein Thema analysieren bedeutet, detaillierter darauf zu sehen. Das kann unterschiedlich passieren, Hauptsache, man nimmt sich überhaupt Zeit dafür. In diesem essential schildere ich eine Vorgehensweise, die sich für mich im Laufe der Zeit bewährt hat. Sie ist nützlich, da sie den Blick auf Themen systematisiert und damit intensiviert. Das kann Kommunikationschancen zu Tage fördern oder auch Stolpersteine erkenntlich machen, die ansonsten verborgen geblieben wären. Die einzelnen Schritte, in denen ich hierbei vorgehe:

1. Das große Ganze – die Einordnung
2. Situationsbeschreibung
3. Stakeholder-Analyse
4. SWOT-Analyse/Haltungen
5. Folgerung – die Kommunikationsherausforderung – das Kommunikationsziel
6. Ableitung der Botschaften
7. Medien- oder Operationsplanung

Diese sieben Punkte sehen recht simpel und schmucklos aus. Sie ermöglichen aber eine solide Kommunikationsplanung. Hierbei ist jegliche Skalierung denkbar. Man kann sie ausführlich schriftlich nacheinander abarbeiten, sie können aber auch als gedankliche Stütze dienen, wenn es darum geht, ein Thema schnell zu erfassen, einzuordnen und daraus die Folgerungen für die eigene Kommunikation zu ziehen. Erzieht man sich dazu, sie konsequent abzuarbeiten, schärfen sie den eigenen Blick und die Art und Weise, in der man sich Themen grundsätzlich nähert.

> **Wichtig** Der wesentliche Mehrwert von Kommunikation: Nicht das Verteilen von Content auf unterschiedliche Medien, sondern vielmehr die Identifizierung, die Analyse und Einschätzung von Themen.

4.1   Das große Ganze

Ein Thema wirklich ganzheitlich zu betrachten, setzt voraus, den Blick etwas weiter zu fassen und somit auch seine Peripherie zu berücksichtigen. Wie lässt sich das Thema beschreiben und in die strategische Kommunikationsplanung einordnen? Auf welches Themenfeld zahlt es ein? Sind es vielleicht sogar mehrere Themenfelder? Wie genau sind die Zusammenhänge? Diese Fragen sind eine wesentliche Voraussetzung, um Themen priorisieren zu können. Denn vielleicht vermutet man zunächst, dass Inhalte wichtig sind und erst bei näherer Betrachtung stellt sich heraus, dass sie eigentlich nur wenig oder zumindest nur nachgeordnete strategische Bedeutung haben. Auch hier ist es wieder sehr hilfreich, das Thema nicht in bullet points zu beschreiben, sondern es in einem Fließtext auszuformulieren. Das zwingt automatisch zu einer stimmigen Darstellung, die einen Sinn gibt und lenkt den Blick auf Zusammenhänge, die ggf. ursprünglich nicht bewusst waren. Auch die ein oder andere Herausforderung, Unstimmigkeit oder Kommunikationslücke kann so deutlich werden. Das ist gar nicht so ungewöhnlich, denn häufig engt sich bei bestimmten Themen der Blick ein. Aufgabe der Kommunikation hingegen ist es ja gerade, ihn zu weiten und ein Thema im Gesamtzusammenhang darzustellen (Abb. 4.2).

Unser Beispielthema
Der Standort für das geplante Produktionswerk in Polen ist gefunden. Die Einordnung in die entsprechenden Themenfelder ist denkbar einfach. Das Thema gehört natürlich sowohl in die Themenfelder „Produktionswerk Polen" und „internationales Wachstum". Nachgeordnet liegt es aber auch im Feld „Kostensenkungsprogramm", denn es ist eine Investition, wo doch an anderer Stelle

Abb. 4.2 Das große Ganze

Kosten gespart werden müssen. „Produktionseffizienz" ist ein relevantes Feld, wenn es dann darum geht, die Produktion im neuen Werk anlaufen zu lassen. Das wiederum wäre aber ein anderes Thema.

4.2 Die Situationsbeschreibung

In welchem Kontext bewegt sich das Thema? Was läuft parallel und hat damit zu tun? Wie sieht der Zeithorizont aus? Die Situationsbeschreibung sollte die berühmten W-Fragen beantworten (**wer-was-wann-wo-warum-wie-wozu**) und das Thema so beschreiben, dass man versteht, um was es dabei geht.

Unsere Beispielsituation
Nachdem ein Projektteam monatelang, in Zusammenarbeit mit einer renommierten deutschen Unternehmensberatung und Agenten vor Ort zusammengearbeitet hat, ist es endlich soweit. Man hat als Ort für das neue Produktionswerk in Polen Kutno, rund 60 km nördlich der Stadt Lodz ausgewählt. Der Ort erfüllte mehrere Kriterien wie logistische Erreichbarkeit oder die Entfernung zu anderen Unternehmen und Kunden. Die notwendigen Gespräche mit der örtlichen Politik wurden geführt, mögliche Bauunternehmen ausgewählt, in vier Wochen würde man sogar schon damit beginnen, das Baugrundstück vorzubereiten. Die Personalabteilung hatte schon alles Notwendige zur Personalauswahl vorbereitet. Dazu gehörte die Auswahl der deutschen Führungskräfte, die nach Polen gehen würden, aber auch der Kontakt zu örtlichen Personalagenturen, die bei der Personalauswahl vor Ort helfen würden. Alle diese Schritte liefen bisher – wenn auch nicht geheim – dann doch mehr oder weniger im Stillen, d. h. ohne aktive Kommunikation in der Öffentlichkeit oder an die Mitarbeiterinnen und Mitarbeiter des Unternehmens.

Soweit die nüchterne Darstellung des Sachverhalts und die wesentlichen, auf den ersten Blick relevanten Inhalte, um das Thema grob einzuordnen. Um es wirklich zu beurteilen und die notwendige Kommunikation strukturiert zu planen, ist natürlich ein etwas detaillierterer Blick nötig, der ggf. auch noch etwas zusätzliche Recherche erfordert. Der erste Schritt ist die Frage danach, wer alles von dem Thema betroffen ist.

4.3   Die Stakeholder

Hintergrundinformation Stakeholder-Analyse

Die sogenannte Stakeholder-Analyse (Stakeholder ist englisch für „Teilhaber") kennt man aus dem Projektmanagement und nennt sie dort auch oft Umfeldanalyse oder Kraftfeldanalyse. Ihr Ziel ist es, zu erkennen welche internen und externen Personen auf das Projekt einwirken könnten. Dazu gehören natürlich Personen, die an dem Projekt mitarbeiten, aber auch all diejenigen, die davon betroffen sind, irgendein Interesse entwickeln können. Mit der Analyse dieser Anspruchsgruppen können die Projektleiterin oder der Projektleiter nachvollziehen, wer sich wieso wie verhält und ggf. entsprechend darauf reagieren (Abb. 4.3).

Da die Stakeholder-Analyse ein Instrument des Projektmanagements ist, haben die Kolleginnen und Kollegen des Projektteams oft schon wertvolle Vorarbeit geleistet, auf die wir nun aufsetzen können. Wir können sie ergänzen oder aber auch eine eigene Analyse vornehmen. Dabei müssen wir nicht lückenlos jede Person erfassen, die durch ein Thema betroffen ist. Die wichtigsten sollten es aber schon sein, damit wird diese dann auch mit unserer Kommunikation

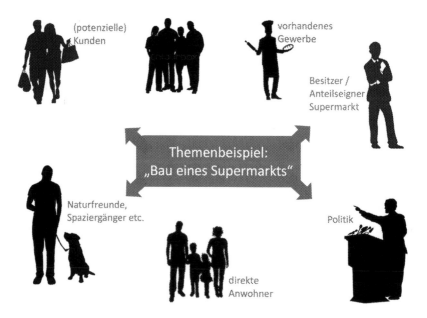

Abb. 4.3 Stakeholder: haben mit einem Thema zu tun

adressieren können. Oft lassen sich einzelne Betroffene zu Stakeholder-Gruppen zusammenfassen. Es kann auch sein, dass wir im Zuge der Stakeholder-Analyse zur Erkenntnis kommen, dass manche von ihnen vielleicht doch nicht so relevant sind, um sie eingehender zu betrachten. Es ist auf jeden Fall besser, im ersten Schritt zu viele Stakeholder zu identifizieren, als welche zu vergessen. Die nächsten Schritte der Analyse helfen recht schnell zu erkennen, wer für die Kommunikation wirklich relevant ist und wen wir entsprechend vernachlässigen können.

Die Stakeholder unseres Beispiels
Ein Produktionswerk in Polen ist eine große Investition und ein wichtiges Thema, das entsprechend viele Menschen unterschiedlicher Anspruchsgruppen interessiert. Unsere Kolleginnen und Kollegen des Projektteams haben bereits monatelang daran gearbeitet, um einen geeigneten Standort für das Produktionswerk zu finden. Gemeinsam mit externer Unterstützung durch Berater haben sie dabei bereits eine Stakeholder-Analyse durchgeführt, von der wir einige Inhalte für uns übernehmen und durch Stakeholder ergänzen, die bislang noch nicht erfasst waren. Die bereits analysierten Stakeholder sind mit Sternchen (*) gekennzeichnet.

Bevölkerung vor Ort.*
Da sind zunächst all die Menschen in Kutno und dessen Umfeld.

Politik vor Ort.*
In Kutno haben bereits einige Unternehmen ihren Standort, darunter auch internationale wie die Kellogg Company oder BASF. Dennoch dürfte es auch für die örtliche Kommunalpolitik durchaus ein Thema sein, wenn dort ein das Produktionswerk eines deutschen Unternehmens entsteht. Im Zuge der Standortauswahl waren allerdings bereits das Projektteam und darüber hinaus auch die Unternehmensleitung mit örtlichen Politikern in Kontakt.

Kunden vor Ort.
Das Werk in Kutno soll schwerpunktmäßig für den Markt im Osten Europas und darüber hinaus produzieren. Die entsprechenden potenziellen Kunden sind daher eine nicht unwesentliche Kommunikationszielgruppe.

Mitarbeiterinnen und Mitarbeiter in Deutschland.
Obwohl Teil der Strategie und offiziell bei der Belegschaft durchaus bekannt, wird es erhebliche Unruhe erzeugen, wenn Produktion außerhalb Deutschlands

entsteht. Sofort wird Bild der Jobabwanderung aus dem personalkostenintensiven Deutschland ins wesentliche billigere Ausland und die damit verbundene Angst vor dem Verlust des eigenen Arbeitsplatzes entstehen.

Betriebsrat.*
Der Betriebsrat als Interessensvertreter der Belegschaft wird bzw. muss natürlich ein Auge darauf haben und alles daran setzen, dass dies nicht passiert.

Politik in Deutschland.
Auch die Politik in Deutschland ist daran interessiert, dass es deutschen Unternehmen wirtschaftlich gut geht, aber natürlich auch daran, dass Arbeitsplätze in Deutschland erhalten bleiben.

Lieferanten.
Diese Gruppe ist für das Unternehmen wichtig und muss daher auch in der Kommunikation als Zielgruppe eine Rolle spielen.

Geschäftspartner.
Hier gilt das Gleiche wie für die Lieferanten.

Kunden in Deutschland.
Kunden sind natürlich immer wichtig, da sie den Erfolg oder Misserfolg des Unternehmens in der Hand haben. Darum sollten wir sie auf jeden Fall gesondert betrachten.

Geldgeber/Banken.
Bei größeren Unternehmen wäre der Aktienmarkt eine Stakeholder-Gruppe, die in ihrer Priorität sehr weit vorne stünde. Meist hätten hier gesonderte Kommunikatoren des Investor Relations ein Auge drauf. Aber auch bei kleineren Unternehmen ist das Bild, das Geldgeber und Banken von ihnen haben und die damit verbundenen Kreditkonditionen nicht zu unterschätzen.

4.4   SWOT – Analyse/Haltungen

Um Situationen eingehender zu analysieren, bietet sich die SWOT-Analyse an.

Hintergrundinformation SWOT-Analyse
Die SWOT-Analyse ist ein Akronym, das sich aus den englischen Begriffen ableitet: **S**trengths (Stärken), **W**eaknesses (Schwächen), **O**pportunities (Möglichkeiten) und

Threads (Bedrohungen). Sie dient Unternehmen, vor allen Dingen im Marketing, dazu, die eigene Position im Markt zu bestimmen und darauf basierend eine Strategie zu entwickeln. Das SWOT-Modell entstand 1960 an der Harvard Business School. Die recht einfachen Grundprinzipien sollen aber sogar bis ins 5. Jahrhundert vor Christus zurückreichen. Damals soll der chinesische General und Philosoph Sunzi bereits betont haben, wie unverzichtbar es sei, die eigenen Stärken und Schwächen und die des Feindes zu kennen – das frühe Grundprinzip der SWOT-Analyse.

Die SWOT-Analyse kann auch über seine klassischen Einsatzbereiche des Marketings oder der Strategieentwicklung hinaus dazu dienen, einen strukturierten Blick auf Inhalte zu richten. Dabei kann man alle vier Punkte einzeln durchgehen oder sie aber zusammenfassen, sodass sie einer Vorteile-/Nachteile-Auflistung entsprechen. In unserem Fall betrachten wir den Sachverhalt aus Sicht der einzelnen Stakeholder-Gruppen, versuchen uns so weit wie möglich in sie hineinzuversetzen und die Stärken/Chancen einerseits und die Schwächen/Risiken des Themas andererseits aus ihrer Sicht zu betrachten. Auf diese Art und Weise verdeutlichen wir, wo die Vorbehalte der einzelnen Gruppen gegenüber unserem Thema liegen oder aber, welche Aspekte wir besonders hervorheben sollten, um bei den entsprechenden Personen zu punkten.

Auch hier richten wir wieder den Blick auf unser Beispiel und gehen jede Stakeholder-Gruppe sauber einzeln durch.

Bevölkerung in Kutno

Stärken und Chancen: Auch, wenn in Kutno weitere Unternehmen angesiedelt sind, ist dort die Arbeitslosigkeit relativ hoch. Dabei haben die Menschen dort einen recht hohen Ausbildungsstand. Das war einer der Gründe, diesen Standort für das neue Produktionswerk zu wählen. Maschinenbauer und auch Ingenieure sind dort auf dem Arbeitsmarkt gut zu finden. Das Produktionswerk ist für alle potenziellen Mitarbeiterinnen und Mitarbeiter in der Region um Kutno eine sehr gute Nachricht. Das Recruiting kann also rechtzeitig beginnen, um dort geeignetes Personal für das Produktionswerk zu gewinnen – vielleicht auch darüber hinaus für das gesamte Unternehmen.

Schwächen und Risiken: Ein Produktionswerk benötigt Platz. Für ein Unternehmen, das in Deutschland baut ist die Wahrscheinlichkeit recht hoch, Ärger mit Anwohnern, dem Naturschutz oder irgendeiner Interessengemeinschaft zu bekommen, die sich flugs gründet. In Kutno – das hat bereits das Team der Standortsuche geklärt – besteht diese Gefahr bislang nicht. Trotzdem empfiehlt sich, diese Situation im Auge zu behalten.

Politik vor Ort

Stärken und Chancen: Die örtliche Politik freut sich über jedes Unternehmen, das sich in der Gegend ansiedelt. Hier ist uneingeschränktes Entgegenkommen zu erwarten

Schwächen und Risiken: entfallen.

Kunden vor Ort

Stärken und Chancen: Das Produktionswerk soll in erster Linie für die Kunden vor Ort gebaut werden sowie für diejenigen aus östlicher liegenden Märkten. Hier dürfte die Herausforderung sein, die eigenen Produktpalette bekannt zu machen und somit auf deren Radar zu erscheinen.

Schwächen und Risiken: entfallen.

Mitarbeiterinnen und Mitarbeiter in Deutschland

Stärken und Chancen: Der Bau eines zusätzlichen Produktionswerks ist Investition und bedeutet grundsätzlich, dass Kapital hierfür vorhanden ist. Expansion zeigt, dass der Arbeitgeber wirtschaftlich stark ist und einiges dafür tut, es auch zu bleiben.

Schwächen und Risiken: Egal welche Größe ein Unternehmen hat, Produktionsaufbau außerhalb Deutschlands dürfte immer die gleichen Reaktionen hervorrufen: die Angst vor internem Wettbewerb, in dem die deutsche Produktion aufgrund ihrer höheren Lohnkosten unterliegt. D. h. die Furcht vor Verlust des eigenen Arbeitsplatzes wird immer im Vordergrund stehen.

Betriebsrat

Stärken und Chancen: Der Betriebsrat ist daran interessiert, dass es dem Unternehmen gut geht. Denn nur dann profitiert seine Klientel, die Arbeitnehmerinnen und Arbeitnehmer in Deutschland, davon. Insofern sollte der Betriebsrat eigentlich hinter Investitionen und Expansion stehen.

Schwächen und Risiken: Findet Expansion aber außerhalb Deutschlands statt und löst somit die Urängste der Belegschaft vor Arbeitsplatzverlust aus, sind die

Arbeitnehmervertreter sozusagen in ihrer Kernkompetenz gefordert: dem Schutz der deutschen Mitarbeiterinnen und Mitarbeiter, von denen sie dafür auch gewählt werden. Es ist wichtig, gerade das zu beachten. Denn meist haben Betriebsräte auch im Auge, das zu tun, was ihre Zielgruppe von ihnen erwartet. Es kann also sein, dass sie durchaus nachvollziehen können, dass Investition im Ausland sinnvoll ist. Weil aber die Mitarbeiterinnen und Mitarbeiter von ihnen Einsatz und aggressive Polemik dagegen erwarten, zeigen sie genau diese. Letztlich ist es auch abhängig von unterschiedlichen Faktoren: Wie unternehmerisch denkt der Betriebsrat? Wie ist das Verhältnis des Arbeitgebers zu ihm? Wie ist die aktuelle Gemengelage zwischen Arbeitgeber und Arbeitnehmervertreter? Das kann sogar so weit gehen, dass der Betriebsrat gegen Pläne der Unternehmensleitung Stimmung macht, nur um dann besonders aufopferungsvolles Engagement zeigen zu können. Ganz so, wie der pyromanische Feuerwehrmann, der einen Brand legt, nur um dann heldenhaft zu löschen. Es ist an dieser Stelle wichtig zu betonen: Es liegt mir fern, Arbeitnehmervertretern generell dieses Verhalten zu unterstellen. Denn grundsätzlich ist es zwingend notwendig und gut, dass sie ein kritisches Auge auf vergleichbare Schritte der Unternehmensleitung haben.

Als Kommunikationsexpertin oder Experte sollte man aber abgeklärt genug sein, damit zu rechnen. Da hinter dem Betriebsrat in der Regel auch eine Gewerkschaft steht, kann hitzige Kommunikation aus dieser Stakeholder-Gruppe recht schnell eskalieren und ganze Projekte durchaus zum Scheitern bringen.

Politik in Deutschland

Stärken und Chancen: Auch für die Politik in Deutschland gilt – sie ist grundsätzlich zufrieden, wenn Unternehmen stark sind und expandieren. Solange die Arbeitsplätze in Deutschland sicher sind, ist die Politik auf der Unternehmensseite und somit eine unkritische Stakeholder-Gruppe.

Schwächen und Risiken: Genau darum ist es meist ein unausweichlicher Schritt der Arbeitnehmervertreter, den schnellen Schulterschluss mit der Politik zu suchen und sie zu aktivieren. Hier wird der Untergrund für Kommunikation sehr rutschig, denn sie verlässt den Boden rationaler Gesetze. Vielmehr geht es wieder um Stimmungen und die Haltung potenzieller Wähler. Die kann sich recht schnell verselbstständigen und auch durchaus Richtungen einschlagen, die man zwar prognostizieren aber letztlich nicht beherrschen kann. Politik blickt auf Wähler und wird sich immer auf deren Seite schlagen. Haben Menschen Angst um ihre Arbeitsplätze, wird Politik auf jeden Fall alles daransetzen, diese zu sichern. Auch das soll nicht nach verbitterter Unterstellung und Verallgemeinerung klingen, sondern lediglich auf das große Eskalationspotenzial hinweisen, das bei dieser Stakeholder-Gruppe liegt.

Lieferanten

Stärken und Chancen: Expansion, auch außerhalb Deutschlands kann auch für Lieferanten Chancen und Entwicklung bedeuten.

Schwächen und Risiken: Andererseits sind auch im Ausland, ggf. logistisch günstiger zu Kutno, alternative Lieferanten angesiedelt. Bestehende Lieferanten könnten hier Wettbewerb auf sich zukommen sehen. Dieses Risiko kann natürlich auch zur Stärke werden, wenn man diesen Wettbewerb eigener Lieferanten anstacheln will.

Geschäftspartner

Stärken und Chancen: Geschäftspartner könnten auch für ihre Zusammenarbeit mit unserem Unternehmen neue Möglichkeiten sehen und dieses Potenzial nutzen wollen.

Schwächen und Risiken: Sie könnten sich aber auch andererseits abgehängt fühlen. Das dürfte in erster Linie der Fall sein, wenn sie nicht „in the Loop" sind, d. h. über die Pläne und Schritte des Unternehmens nicht auf dem Laufenden gehalten und somit überrascht werden.

Kunden in Deutschland

Stärken und Chancen: Auch hier könnte Expansion wirtschaftliche Stärke signalisieren.

Schwächen und Risiken: Sobald ein Unternehmen Produktion außerhalb Deutschlands aufbaut, kann es Gefahr laufen, dass die Qualität der Produkte angezweifelt wird. Je günstiger der Ort der Produktionsauslagerung, desto kritischer dieser potenzielle Eindruck des Qualitätsverlusts. Kunden, das gilt sowohl für die von Konsum-, als auch von Investitionsgütern, sind in erster Linie daran interessiert, günstig Ware zu kaufen. Ab einem gewissen Punkt kann allerdings ihr soziales Gewissen einsetzen und sich auf den Kauf auswirken. Sie wollen dann nicht von jemand kaufen, der z. B. seine Mitarbeiterinnen und Mitarbeiter massenhaft entlässt oder sonstige unethische Geschäftspraktiken an den Tag legt. Das kann ehrliches soziales Gewissen, aber insbesondere bei Nicht-Endkunden die Angst sein, Imageschäden zu erleiden, worunter wiederum die eigenen Verkäufe leiden könnten. Das gilt gleichermaßen für Unternehmen, die den Endverbraucher ansprechen und für Investitionsguthersteller und -verkäufer.

Geldgeber/Banken

Stärken und Chancen: Auch hier ist die Produktionserweiterung zunächst ein Zeichen für Fortschritt, Wachstum und wirtschaftlichen Erfolg.

Schwächen und Risiken: Sie könnte aber auch als finanzielles „Verheben" interpretiert werden oder zumindest als Risiko, das es zu kalkulierend gilt und wie es eigentlich bei jeder größeren Investition der Fall ist.

4.5   Folgerungen – die Kommunikationsherausforderung – das Kommunikationsziel

Bis hierher haben wir sehr eingehend das Umfeld der Kommunikation betrachtet – die Situation, in der wir uns befinden. Diese gründliche Analyse ist sehr wichtig, denn nur, wenn wir alle Aspekte berücksichtigt haben, lässt sich ein realistisches Kommunikationsziel formulieren. Zunächst ziehen wir aber ein Fazit aus all den Haltungen unserer Anspruchsgruppen, um so die eigentliche Kommunikationsherausforderung herauszuarbeiten.

Das neue Produktionswerk
Grundsätzlich wird die Investition in das neue Produktionswerk als Ausdruck wirtschaftlicher Stärke, Finanzkraft und Zukunftsfähigkeit gesehen werden. Andererseits führt eine solche Investition auch immer in Neuland und ist ein zunächst kostspieliger Schritt, der sich insgesamt erst einmal amortisieren muss.

Das wirft Bedenken auf, die bei einigen Stakeholder-Gruppen auch hin zu konkreten Ängsten gehen können. Diese kann man entsprechend zerstreuen, abmindern, aber beispielsweise bei Mitarbeiterinnen und Mitarbeitern oder Arbeitnehmervertretern voraussichtlich nie komplett auflösen. Das sollte bewusst sein und das sollte man berücksichtigen, wenn man seine Botschaften formuliert bzw. ihre Wirksamkeit im Anschluss untersucht.

Wir müssen also Stärke und Sicherheit vermitteln. Das geht nur wenn wir die Hintergründe der Investition erklären, **ihren Zusammenhang mit einer Gesamtstrategie und die nächsten Schritte aufzuzeigen.** Dies schafft Transparenz und erst mit transparenter Kommunikation wird das neue Produktionswerk für die Banken und Geschäftspartner zu einer weitsichtigen Investition anstatt riskantem Wagnis. Auch die Belegschaft kann so den zukunftsweisenden Schritt der Unternehmensleitung erkennen, anstelle eines arbeitsplatzbedrohenden Schachzugs.

Die Kommunikationsherausforderung
Wir investieren im Ausland. Investition bedeutet immer ein Stück Unsicherheit – Ausland, ist fast automatisch mit wirtschaftlicher Sorge in Deutschland verknüpft. Sie zeigt sich beispielsweise bei der Belegschaft in der Angst um die eigenen Arbeitsplätze oder bei Geschäftspartnern in der Furcht vor Auftragsverlust. Andererseits ist das neue Produktionswerk ein wichtiger strategischer Schritt, der uns neue Märkte erschließen soll und der ein Meilenstein unserer Unternehmensentwicklung ist.

Die Kommunikationsziele
Aus dieser Herausforderung leiten wir folgende Ziele unserer Kommunikation ab. Wir beschreiben mit ihnen den erwünschten Zustand, den wir mit unserer Kommunikation schaffen:

* Unsere Stakeholder-Gruppen sehen den Bau des neuen Produktionswerks als ein Zeichen von Wachstum und Stärke.
* Trotz der Investition außerhalb Deutschlands stehen unsere Stakeholder-Gruppen der Investition offen und positiv gegenüber.
* Wir antizipieren Ängste und Befürchtungen unserer Stakeholder-Gruppen und lösen diese auf – so früh als möglich.

Diese Ziele erreichen wir, in dem wir deutlich die Einbettung unserer Investition in die Gesamtstrategie aufzeigen, stets die nächsten Schritte erklären und insgesamt sehr transparent agieren und kommunizieren.

4.5.1 Exkurs: Gefahr Kommunikationsvakuum – wieso Transparenz so wichtig ist

Für jeden, der mit Kommunikation zu tun hat, ist sie eigentlich selbstverständlich. Trotzdem kann man es nicht oft genug betonen, wie wichtig umfassende Transparenz ist. Sie kommt direkt nach Wahrhaftigkeit, sprich ehrlicher

Kommunikation, die nichts verheimlicht und beschönigt. Umfassende Transparenz bedeutet in unserem Beispielfall eben nicht nur eine bloße Information über Standortentscheidung des Werks und im Weiteren seinen Baufortschritt. Vielmehr ist es unverzichtbar, auch das Drumherum zu erläutern. D. h. wie ist das Produktionswerk in die Strategie des Unternehmens eingebettet? Wie sehen die nächsten Schritte aus – über den bloßen Bau hinaus? Ziel umfassender Transparenz ist, ein Kommunikationsvakuum zu verhindern. Denn dieses Vakuum lässt jeder Stakeholder-Gruppe Raum für eigene Interpretationen. Diese können in unserem Sinne sein, wenn uns die Stakeholder-Gruppe gut gesonnen ist oder eben negativ. Im Zweifelsfall wird sie aber Letzteres sein, denn der Mensch neigt generell dazu, eher pessimistische Entwicklungen anzunehmen und vorsichtig bis negativ zu urteilen. Insofern ist transparente und offensive Kommunikation in den überwiegenden Fällen eine gute Grundmaxime und in jedem Fall besser, als zu restriktive. Denn diese kann eine Kette auslösen, die von eigenen Interpretationen unserer Stakeholder-Gruppen über den Verlust unserer Deutungshoheit direkt in passiv-reaktive Kommunikation und somit in die Defensive führt. Das wollen wir vermeiden.

4.6   Ableitung der Botschaften

Das Fazit für unsere Kommunikation heißt also: Transparenz schaffen und allen Stakeholder-Gruppen die Strategie hinter dem neuen Produktionswerk erläutern. Unsere Stakeholder-Analyse hat aber auch gezeigt, dass die Stakeholder-Gruppen eigene Schwerpunkte haben, auf die sie ihre Aufmerksamkeit richten. Ihre Haltung unterscheidet sich voneinander in bestimmten Nuancen. Um also die verschiedenen Adressaten unser Kommunikation einheitlich abzuholen, sollten wir diese Nuancen berücksichtigen. Das kann die Tonalität der jeweiligen Kommunikation durchaus unterschiedlich aussehen lassen, auch wenn die grundsätzlichen Botschaften natürlich einheitlich und konsistent sind (Abb. 4.4).

Schon während der Stakeholder-Analyse ist deutlich geworden, dass die Stakeholder unterschiedliche Bedeutung haben bzw. der Bau des neuen Werks, auf unterschiedliches Interesse bei ihnen stoßen dürfte. Also behandeln wir sie im nächsten Schritt gemäß dieser Priorisierung.

Betriebsrat/Belegschaft
Bei strategisch wichtigen Schritten ist es immer hilfreich, den Betriebsrat so früh als möglich ins Boot zu holen. Sein Mitspracherecht ist zwar im Betriebsverfassungsgesetz gesetzlich geregelt, das sollte aber nicht unbedingt das

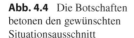

Abb. 4.4 Die Botschaften
betonen den gewünschten
Situationsausschnitt

ausschließliche Kriterium für den Zeitpunkt seiner Einbindung sein. Denn der Betriebsrat vertritt die Arbeitnehmer und ist als solches auch ein wichtiger Multiplikator in die Belegschaft eines Unternehmens. Insofern sollte er so früh als möglich in die Strategien und Vorhaben eingebunden sein und auf dem Laufenden gehalten werden. Eben ggf. auch schon, wenn es das Betriebsverfassungsgesetz noch gar nicht vorsieht. Es ist im Sinne des Unternehmens und seiner Belegschaft, wenn Arbeitgeberseite und Arbeitnehmerseite Botschaften senden, die nah beieinander liegen. Tun sie das nicht, hat das Unternehmen weit mehr als Kommunikationsprobleme. Davon gehen wir in unserem Beispiel aber nicht aus. Hier sollte der Betriebsrat, als möglicher Multiplikator, in jedem Fall vor der Belegschaft eingebunden sein. Dabei sind folgende Botschaften wichtig:

- Wir sind bereits im deutschen Markt sehr erfolgreich, stehen aber trotzdem in einem harten Wettbewerb.
- Damit wir weiterhin erfolgreich bleiben, müssen wir als Unternehmen wachsen.
- Dies ist im Heimatmarkt schwierig und in erster Linie außerhalb Deutschlands möglich.
- Darum wollen wir in Osteuropa oder darüber hinaus in Asien expandieren
- Der deutsche Markt, für den wir auch in Deutschland produzieren, bleibt weiterhin wichtig.
- Unsere Produktion hier wird durch unser Gesamtwachstum, also auch durch unsere Investition in Polen profitieren.

Mit diesen Botschaften betonen wir, dass wir mit dem Werk in Kutno nichts verlagern, sondern zusätzliche Kapazitäten schaffen, die Bestehendes sinnvoll ergänzen sollen. Würden wir sofort den Signalsatz bringen „es sind keine

deutschen Arbeitsplätze gefährdet", wären wir gleich zu Beginn in einer recht-
fertigenden Defensive. Der Satz „deutsche Arbeitsplätze sind sicher" würde
erst recht aufhorchen lassen. Zunächst sollten wir hier also eine proaktive und
offensive Kommunikationslinie einschlagen. Würden im weiteren Verlauf Sorgen
um deutsche Arbeitsplätze laut, sollten wir diese, ohne die erwähnten Signalsätze,
inhaltlich auffangen.

Politik vor Ort/Bevölkerung vor Ort
Natürlich hatte schon im Vorfeld intensive Kommunikation des Projektteams
mit der Politik vor Ort stattgefunden. Schließlich fiel die Standortentscheidung
nicht über Nacht. Schon hier war vor allen Dingen die Botschaft wichtig, die die
Perspektiven es Standorts aufzeigte. Und auch gegenüber der Bevölkerung ist
es wichtig zu betonen, dass der Standort in erster Linie wirtschaftliche Vorteile
mit sich bringen wird. Das kann durch direkten Geldfluss vor Ort sein oder aber
indirekt, durch gut bezahlte Arbeitsplätze.

- Kutno wird die Speerspitze des Unternehmens für den asiatischen Markt sein.
- Es wird im Werkverbund nicht nur eine sehr gefestigte, sondern sogar eine
  Schlüsselposition einnehmen und hervorragende Zukunftsperspektiven
  besitzen.
- Somit wird es auch langfristige zahlreiche Jobmöglichkeiten für unterschied-
  liches Personal vor Ort und Wirtschaftskraft für seine Umgebung bieten.

Geldgeber/Banken
Für Geldgeber und Banken ist vor allen Dingen wichtig, dass wir mit dem Werk
nachhaltig investieren. Hinter der Investition muss eine klare, nachvollziehbare
Strategie liegen, sodass das neue Produktionswerk insgesamt ein großer, richtiger
Schritt in eine richtige Richtung und somit jede Investition seitens der Geldgeber/
Banken in das Unternehmen sinnvoll und ertragreich ist. Ein besonders stimmiges
Bild ergibt hier natürlich auch, wenn Betriebsrat und Belegschaft erkennbar
hinter diesem Schritt stehen.

- Das neue Produktionswerk ist ein konsequenter Schritt der Wachstums-
  strategie des Unternehmens.
- Wir haben den Standort nach intensiver Untersuchung und Vorbereitung aufgrund seiner hervorragenden Infrastruktur gewählt – für potenzielles Personal
  und für seine logistische Einbindung.
- Mit dieser Investition schaffen wir die Grundlage für weiteres Wachstum in
  Osteuropa und darüber hinaus.

Geschäftspartner/Lieferanten
Geschäftspartner/Lieferanten wollen vor allen Dingen ihre Geschäfte mit unserem Beispielunternehmen weiterhin erfolgreich fortführen und an dessen Wachstum teilhaben.

- Die erfolgreiche Entwicklung des Unternehmens war nur gemeinsam mit leistungsfähigen Geschäftspartnern möglich.
- Wir freuen uns darauf, nun gemeinsam mit ihnen auch weiterhin international zu wachsen.
- Das Werk in Kutno ist ein Meilenstein hierbei und weist den Weg einer weiter erfolgreichen Entwicklung.

Politik in Deutschland Ort/Bevölkerung in Deutschland
Wie erwähnt, gilt die Sorge der Politik ihren Wählern, sprich der Sicherheit der Arbeitsplätze. D. h. hier sind insgesamt die gleichen Botschaften wichtig, wie gegenüber Betriebsrat und der Belegschaft. Ggf. etwas einfacher:

- Das neue Werk in Kutno wird ausschließlich für den Markt im Osten produzieren.
- Damit wird es das deutsche Werk nicht nur ergänzen, sondern durch den gesamtunternehmerischen Erfolg auch Investition hier ermöglichen.
- Mit denen können wir auch im deutschen Heimatmarkt unseren erfolgreichen Weg fortsetzen.

Kunden vor Ort
Kundenkommunikation ist in erster Linie eine Sache des Marketings. In unserem Fall wird das aber erst zu einem späteren Zeitpunkt einsetzen. Trotzdem ist es wichtig, den Bau des Werks und die Absicht, einen stärkeren Zugang zum osteuropäischen Markt zu erhalten, auch zu kommunizieren.

- Mit unseren Produkten sind wir seit Jahren im deutschen Markt erfolgreich und auch vereinzelt in osteuropäischen Märkten vertreten.
- Wegen des wachsenden Bedarfs gerade hier, wollen wir in den nächsten Jahren in diesen Märkten wachsen und haben deswegen unser neues Produktionswerk in Kutno geplant.

Kunden in Deutschland
Auch Kunden in Deutschland gilt es zu beruhigen: Sie können unverändert Qualität erwarten. Das Unternehmen ist stark, leistungsfähig und ergänzt seine Produktionskapazität lediglich – ersetzt sie nicht.

- Deutschland bleibt weiterhin als Heimat-, auch der Hauptabsatzmarkt.
- Das neue Werk in Kutno wird für den Markt in Osteuropa und perspektivisch für Asien produzieren.

Die Stakeholder-Gruppen sind unterschiedlich stark betroffen. Dennoch ist es wichtig, einen detaillierten Blick auf möglichst alle zu richten und zu überlegen, wie unsere Kommunikation auf sie wirkt. Das sieht auf den ersten Blick vielleicht etwas aufwendig aus und wird oft auch aus genau diesem Grund nicht gemacht. In der Praxis kann es auch sein, dass sich die Botschaften vermischen. Das ist überhaupt nicht schlimm. Trotzdem ist diese kommunikationsplanerische Fleißarbeit überaus wertvoll. Sie kann bösen Kommunikationspannen vorbeugen, die möglicherweise passieren, wenn man zu wenig zwischen seinen Stakeholder-Gruppen differenziert. Im Anschluss fassen wir die relevanten Botschaften nochmals zusammen. Dabei fällt auf, dass sie die ein oder andere inhaltliche Wiederholung beinhalten. Auch das ist vollkommen normal, da sich auch die Befindlichkeiten unterschiedlicher Stakeholder-Gruppen überschneiden können. Insgesamt wird beim Durchlesen der Statements die Kommunikationslinie unsere Story nicht nur sichtbar, wir konkretisieren sie darüber hinaus. Somit adressieren wir alle relevanten Anspruchs- bzw. Stakeholder-Gruppen.

- Wir sind bereits im deutschen Markt sehr erfolgreich, stehen aber trotzdem in einem harten Wettbewerb.
- Damit wir weiterhin erfolgreich bleiben, müssen wir als Unternehmen wachsen.
- Dies ist im Heimatmarkt schwierig und in erster Linie außerhalb Deutschlands möglich.
- Darum wollen wir in Osteuropa oder darüber hinaus in Asien expandieren
- Der deutsche Markt, für den wir auch in Deutschland produzieren, bleibt weiterhin wichtig.
- Unsere Produktion hier wird durch unser Gesamtwachstum, also auch durch unsere Investition in Polen profitieren.

- Kutno wird so etwas wie die Speerspitze des Unternehmens für den asiatischen Markt sein.
- Es wird im Werkverbund nicht nur eine sehr gefestigte, sondern sogar eine Schlüsselposition einnehmen und hervorragende Zukunftsperspektiven besitzen.
- Somit wird es auch langfristiger zahlreiche Jobmöglichkeiten für unterschiedliches Personal vor Ort und Wirtschaftskraft für seine Umgebung bieten.

- Das neue Produktionswerk ist ein konsequenter Schritt der Wachstums-strategie des Unternehmens.
- Mit dieser Investition schaffen wir die Grundlage für weiteres Wachstum in Osteuropa und darüber hinaus.

- Die erfolgreiche Entwicklung des Unternehmens war nur gemeinsam mit leistungsfähigen Geschäftspartnern möglich.
- Wir freuen uns darauf, nun gemeinsam mit ihnen auch weiterhin international zu wachsen.
- Das Werk in Kutno ist ein Meilenstein hierbei und weist den Weg einer weiter erfolgreichen Entwicklung.

- Das neue Werk in Kutno wird ausschließlich für den Markt im Osten produzieren.
- Damit wird es das deutsche Werk nicht nur ergänzen, sondern durch den gesamtunternehmerischen Erfolg auch Investition hier ermöglichen.
- Mit denen können wir auch im deutschen Heimatmarkt unseren erfolgreichen Weg fortsetzen.

- Mit unseren Produkten sind wir seit Jahren im deutschen Markt erfolgreich und auch vereinzelt in osteuropäischen Märkten vertreten.
- Wegen des wachsenden Bedarfs gerade hier, wollen wir in den nächsten Jahren in diesen Märkten wachsen und haben deswegen unser neues Produktionswerk in Kutno geplant.

Diese Botschaften bedeuten nicht, dass sie genau so, roboterhaft kommuniziert werden müssen. Sie geben vielmehr den Kommunikationston vor. Wie sie dann tatsächlich an den Mann oder an die Frau kommen, zeigt die Medien- oder Operationsplanung. In der Umsetzung werden sie dann entsprechend redaktionell und textlich eingebunden.

4.7   Medien- oder Operationsplanung

Zusammenfassung

Die Medien- oder Operationsplanung legt fest, wie ein Thema „technisch" an die jeweilige Zielgruppe kommt. Wann soll wer über welches Medium was erfahren? Sie ist der letzte planerische Schritt, bevor es dann an die konkrete Umsetzung geht und kommunikatives Handwerk gefragt ist, wie schreiben, gestalten und organisieren (Abb. 4.5).

Abb. 4.5 Organisationen verfügen über viele Medien

Wer im Bereich Kommunikation tätig ist, der hat sicher schon nach einem Plan gearbeitet, der ähnlich aussieht, wie der folgende. Im Grunde genommen ist er nichts anderes als eine Auflistung, die zeigt, welche Inhalte, zu welchem Zeitpunkt, mit welchem Medium an welche Zielgruppe zu kommunizieren sind. Das folgende Schema ist ein mögliches Beispiel und verdeutlicht das Prinzip dahinter. Letztlich ist es egal, ob eine vergleichbare Planung über Microsoft Excel, Word oder eine spezielle digitale Plattform läuft. Wir wenden sie gleich an unserem Beispiel an. Als Spalte „Zeit" wählen wir der Einfachheit halber nur eine Ordnungszahl, mit der wir die Reihenfolge der Information festlegen. In der Realität würden wir die Kommunikation in einem vergleichbaren Fall tagesscharf planen. Bei „Zielgruppe" sprechen wir unsere Stakeholder-Gruppen an. Je nach Kommunikationsgegenstand können hier auch bis zu einzelnen Personen stehen (Tab. 4.1).

Tab. 4.1 Umsetzungplanung

Zeit	Zielgruppe	Medium	Was
1	Politik vor Ort	Mündlich durch das Projektteam vor Ort in ihren Gesprächen	Projektrelevantes und die definierten Hauptbotschaften
2	Betriebsrat	Mündlich durch das Unternehmensmanagement	Die für diese Gruppe definierten Hauptbotschaften
3	Belegschaft (Führungskräfte)	Führungskräfteveranstaltung/ Newsletter (nach Planung der internen Kommunikation)	Hintergründe/Hauptbotschaften, Auftrag der Kommunikation an die Mitarbeiter
4	Belegschaft (Mitarbeiterinnen und Mitarbeiter ohne Führungsverantwortung)	Führungskräfte (Nutzung der Führungskräfte als Medium, da ein wesentliches Instrument der Führung Kommunikation ist)	Strategischen Hintergrund, definierte Hauptbotschaften
		Mitarbeiterzeitung	Arbeit des Projektteams, Strategieinhalte, Hauptbotschaften
		Intranet	News über die Entscheidung, Hauptbotschaften
		Veranstaltung, mündliche Information durch das Unternehmensmanagement	Strategische Gründe, Hauptbotschaften, nächste Schritte
5	Bevölkerung vor Ort	Informationsveranstaltung des Projektteams vor Ort	Projektverlauf, nächste Schritte, definierte Hauptbotschaften
		Pressemitteilung, Schwerpunkt lokale Medien vor Ort	Bericht über Informationsveranstaltung, definierte Hauptbotschaften
6	Politik in Deutschland	Mündlich durch Unternehmensmanagement	Definierte Hauptbotschaften
7	Geschäftspartner/ Lieferanten, Geldgeber/Banken, Kunden in Deutschland	Pressemitteilung an Fach- und Wirtschaftspresse; Ggf. auch Pressegespräch (gemäß detaillierter Planung des Presseteams)	Definierte Hauptbotschaften
8	Geschäftspartner/ Lieferanten, Geldgeber/ Banken, Kunden in Deutschland	Kundenmagazin	Definierte Hauptbotschaften

Weitere Planung

Der Bau eines Produktionswerkes ist kein Thema, das mit einer einmaligen Kommunikation an die jeweilige Zielgruppe abgehakt ist. Unsere kleine Planung zeigt eine mögliche Auftaktkommunikation, die es selbstverständlich weiterzuführen gilt. Denn Transparenz setzt voraus, die Zielgruppen auch im Weiteren ständig auf dem Laufenden zu halten. Bei Schlüsselthemen kann man unseren begonnen Plan weiterführen, um den Gesamtüberblick zu behalten. Für das tägliche Geschäft setzen aber die Redaktionspläne der einzelnen Medien darauf auf. Beispielsweise führt die Mitarbeiterzeitung einen Plan, der den Blick immer ein paar Ausgaben voraus in die Zukunft richtet und hierbei bereits Platz für Beiträge über unser Produktionswerk reservieren kann.

Diese aufwendige Form der Planung empfiehlt sich für Schlüsselthemen, denn darüber hinaus wäre sie natürlich viel zu zeitraubend. Es bestünde die Gefahr, dass man überplant, sprich, dass Planung wichtiger wird als die konkrete Umsetzung. Wie so oft, ist hier ein gesundes Augenmaß gefragt. Entscheidend ist, dass zu bestimmten Zeitpunkten alle relevanten Zielgruppen informiert sind und dass dies mit einheitlichen, aufeinander abgestimmten Botschaften erfolgt. Genau das stellen wir mit unserer Planung sicher.

Redundanz der Botschaften

Wir haben also geplant, was wir planen können, unsere Botschaften sauber definiert und sie über professionell aufbereitete Medien ansprechend an unsere Zielgruppen abgesetzt. Leider heißt das nicht, dass wir sie auch so ins Ziel gebracht haben, wie wir uns das idealerweise vorstellen. So etwas kann nur ein dichter Teppich eingesetzter Kommunikationsmedien erreichen, in denen sich die Botschaften wiederholen. Zum manchmal recht ernüchternden Kommunikationsgeschäft gehört die selbstkritische Erkenntnis: Auch, wenn Kommunikation geplant und gezielt abläuft, kommt sie noch lange nicht an. Es erhöht allerdings die Wahrscheinlichkeit. Das bedeutet, dass sich unser Thema für die Belegschaft im Intranet wiederfinden wird, dass es Führungskräfte in ihren Meetings erwähnen, unser Geschäftsführer wird es bei speziellen Mitarbeiterveranstaltungen ansprechen und projektverantwortliche Kolleginnen und Kollegen werden davon in der Mitarbeiterzeitung berichten. Auch unsere Kunden werden davon in der Fachpresse lesen, nachdem wir diese durch Pressemitteilungen und Hintergrundgespräche informiert haben. Das Thema wird vielleicht auch in der Tageszeitung stehen, auf jeden Fall aber im Kundenmagazin unseres Beispielunternehmens.

Einbindung der Botschaften

Wir haben unsere Botschaften hergeleitet und ausformuliert. Sie sind aber nicht „in Stein gemeißelt". Vielmehr geben sie sie den Grundtenor unserer Kommunikation vor und fließen als solches in die jeweiligen Medien ein. Eine Pressemitteilung wird sie einbinden in Informationen zum Markt in Deutschland, Perspektiven des Unternehmens und Statements der Beteiligten. In einer Mitarbeiterveranstaltung wird es eines von vielen Themen sein und auch der Vertrieb wird in seinen Kundenveranstaltungen sicherlich auch andere Inhalte vorsehen, die noch relevanter und wichtiger für seine Klientel sind.

Zusammenfassung

5

Was Sie in diesem Kapitel finden können

- Das Zusammenwirken strategischer und operativer Kommunikations-
  planung
- Leitfragen, die dabei helfen können, eine Kommunikationsvision zu
  formulieren
- Die Schritte strategischer Kommunikationsplanung und ihre kurze
  Erklärung
- Ein mögliches Schema der operativen Themenanalyse und deren
  Umsetzungsplanung

Kommunikation ist nicht Controlling. Kommunikation ist auch keine technische Wissenschaft. Als vermeintlich „weiche" Aufgabe wird sie daher häufig aus dem Bauch heraus betrieben und schöpft somit ihr Potenzial bei weitem nicht aus. Die vorgestellte strategische Planung versucht, das Bauchgefühl mit Denkleistung zu unterfüttern und ergänzt notwendige Erfahrung und Themengespür mit etwas System. Das hilft ganz erheblich dabei, die Kommunikation langfristig in die beabsichtigte Richtung zu steuern und dies nicht dem Zufall zu überlassen. Zusätzlich zur strategischen Planung, lohnt es sich, wichtige Themen eingehender zu betrachten und sie einzuschätzen, bevor man sie kommuniziert.

Dickschiff Kommunikation

Strategische Kommunikation ist ein ziemliches Dickschiff. D. h. all die Einzelthemen sind wie kleine Steuerbewegungen, die nur langsam, aber unaufhörlich in die beabsichtigte Richtung lenken, deren Korrektur ebenfalls wieder etwas Geduld erfordert. Mit unserer zunächst erfolgten strategischen Planung legen

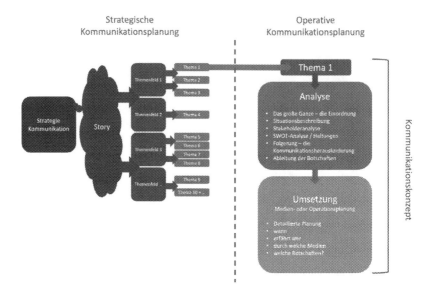

Abb. 5.1 Kommunikationsplanung: strategisch und operativ

wir den grundsätzlichen Kurs fest, in der Verzahnung der operativen mit der strategischen Themenplanung (Abb. 5.1) sorgen wir dafür, dass die kleineren Steuerbewegungen auch mal ausreißen können, langfristig aber auf Gesamtkurs liegen.

5.1   Tools und Vorlagen

Die Literatur empfiehlt unterschiedliche Ansätze der Kommunikationsplanung, genau wie die Lehre. Was letztlich zum Einsatz kommt, dürfte eine Mischung aus allem sein, plus einer kräftigen Prise „hat sich in der Praxis bewährt". Als Ergebnis entsteht Kommunikationsplanung auf sehr unterschiedlichen Wegen – oft genug aber – wie bereits geschildert – überhaupt nicht.

Die vorgestellte Systematik ist ein mögliches Angebot. Vielleicht bietet Sie Ihnen wertvolle Anregungen, in Teilen, gerne auch komplett. Abschließend fasst dieses Kapitel nochmals die entsprechenden Vorlagen zusammen. Sie haben sich in meiner Praxis bewährt. Vielleicht können sie auch Ihnen weiterhelfen.

5.1.1 Kommunikationsvision

Die Kommunikationsvision sollte am Anfang einer Kommunikationsplanung stehen. Sie legt fest, wie wir grundsätzlich kommunizieren. Sie hat Einfluss darauf, wie die Kommunikation aufgestellt ist und mit welchem Aufwand sie betrieben wird. Die folgenden Fragen können hierbei helfen.

- Wie öffentlich ist unser Unternehmen – wie offensiv kommunizieren wir mit der Öffentlichkeit?
- Wie hierarchisch ist die Organisation – agieren wir partizipativ mit unseren Mitarbeiterinnen und Mitarbeitern?
- Arbeiten wir in einem Business-to-Business-Unternehmen oder haben wir es mit Business-to-Consumer zu tun?
- Wie sieht unsere Unternehmenskultur aus? Sind wir ein konservatives Unternehmen oder herrscht ein eher informelles Klima?
- Wie ist unsere Stellung im Markt und in der Öffentlichkeit? Wie sehr ist das Interesse dort auf uns und unsere Aktionen gerichtet?
- Unterliegen wir kapitalmarktrechtlichen Vorgaben hinsichtlich unserer Kommunikation (z. B. Ad-hoc-Pflicht bei börsennotierten Unternehmen)?

Die Beantwortung all dieser Fragen wirkt sich wesentlich auf die Anforderung an Transparenz, Tonalität, Geschwindigkeit aus und gibt auch Hinweise darauf, welche Medien wir verwenden beziehungsweise verwenden sollten. Die Kommunikationsvision gilt langfristig, ist dabei aber natürlich nicht in Stein gemeißelt, sondern sollte vielmehr regelmäßig auf ihre Gültigkeit geprüft werden.

5.1.2 Strategische Themenplanung

Mit der strategischen Themenplanung legen wir den Kurs unseres Kommunikationsschiffes fest. Sie ist eng verzahnt mit der Unternehmensstrategie und gilt daher auch langfristig. Dennoch ist es wichtig, sie, ebenso wie die Strategie einer Organisation, regelmäßig zu überprüfen und anzupassen. Für die Kommunikationsplanung empfiehlt sich in der Regel die Jahresplanung als ein fest gesetzter Zeitpunkt.

1. Zunächst sollten wir hierfür auch wieder einige Fragen stellen, die allerdings, im Gegensatz zu denen der Kommunikationsvision, etwas konkreter werden. Zum Beispiel:
   - In welchen Märkten will unser Unternehmen erfolgreich sein?
   - Gibt es bestimmte Produkte, mit denen wir auf den Markt kommen?
   - Wie ist unsere Stellung im Wettbewerb – welche Schritte haben wir hier vor?
   - Ist ein Wachstum unserer Organisation geplant – wollen wir uns verkleinern?
   - Was macht uns als Arbeitgeber attraktiv? Welche Mitarbeiterinnen und Mitarbeiter wollen wir?
   - Wie ist unser Verhältnis zu unseren Kunden? Fokussieren wir uns darauf, vorhandene zu binden oder wollen wir offensiv neue gewinnen?

   Selbstverständlich ließen sich diese Fragen noch weiter fortsetzen. Antworten geben Unternehmensstrategie, aber auch Markenwerte, die Arbeitgebermarke oder sonstige Leitbilder. Wichtig ist, dass sich daraus eine zusammenhängende Story formulieren lässt.

2. Wir formulieren eine motivierende, positive und aktive Geschichte unseres Unternehmens. Diese kurze Story sollte die Antworten auf alle zuvor beantworteten Fragen beinhalten und beschreibt sozusagen, wie unsere Organisation/unser Unternehmen die Zukunft/das kommende Jahr/den vor uns liegenden Planungszeitraum in Angriff nimmt.

3. Im dritten Schritt bilden wir in unserer Story sinnvolle und griffige Zwischenüberschriften.

   Je nachdem, wie unsere Unternehmensstrategie formuliert ist – möglicherweise gibt es auch hier formulierte Strategiefelder – werden sich diese Story-Felder nicht wesentlich von diesen unterscheiden. Wahrscheinlich werden sie diese beinhalten und um zusätzliche Punkte ergänzen, die eher unternehmenskulturelle, weichere Aspekte abbilden.

4. Der vierte Schritt macht die Zwischenüberschriften zu unseren Kommunikationsstrategiefeldern, denen wir im Planungszeitraum unsere Themen zuordnen.

Wie bereits erwähnt, ist es nicht notwendig, jedes kleine Thema in unsere festgelegten Felder zu kategorisieren. Ein kurzer Check, ob und wie sie auf unsere Kommunikationsstrategie einzahlen kann aber nicht schaden. Meist ist recht schnell klar, ob es sich um ein gewichtiges Thema handelt. Diese Vorgehensweise kann den Kommunikationsverantwortlichen auch dabei umgekehrt helfen, intern deutlich zu belegen, wenn ein Thema für die Unternehmenskommunikation nicht relevant sein sollte. Wenn das doch der Fall ist, sollte man es eingehender betrachten und seine Kommunikation auch taktisch-operativ planen.

5.1.3 Taktisch-operative Themenplanung

Taktisch-operative Themenplanung fällt in der Kommunikationspraxis oft unter den Tisch oder wird durch das Bauchgefühl des Kommunikationsverantwortlichen ersetzt. Das ist bedauerlich, denn gerade sie kann einen erheblichen Mehrwert von Kommunikation ausmachen. D. h. nicht, dass sie aufwendig, formell und schriftlich ablaufen muss. Oft reicht es aus, wenn man in einer gewissen Systematik auf Themen sieht und diese dann bearbeitet. Basis dieser Systematik kann das vorgeschlagene Schema sein. Bei größeren, strategisch wichtigeren Themen, wie in unserem Beispielfall, lohnt sich der Aufwand einer intensiven Planung auf jeden Fall. Dabei ist es sinnvoll, in zwei Schritten vorzugehen:

5.1.3.1 Analyse

1. **Das große Ganze – die Einordnung**
   Auf welches Feld unserer Kommunikationsstrategie zahlt das Thema wie ein?
2. **Situationsbeschreibung**
   Um was geht es bei dem Thema? Welche Schnittstellen hat es? In welchem Zeithorizont läuft es ab? Hier sollte man das Thema grundlegend beschreiben und unbedingt ausformulieren. Dies hilft dabei, Ungereimtheiten aufzudecken und zeigt bereits jetzt Kommunikationslücken.
3. **Stakeholder-Analyse**
   Wer ist von dem Thema betroffen und wieso?
4. **SWOT-Analyse/Haltungen**
   Welche Haltung haben die einzelnen Stakeholder zum Thema? Wie können ihre Vorbehalte aussehen?
5. **Folgerungen – die Kommunikationsherausforderung – das Kommunikationsziel**
   Fazit unserer vorangegangenen Analyse. Auf was kommt es in unserer Kommunikation hauptsächlich an? Welche Kommunikationsziele setzen wir uns?
6. **Ableitung der Botschaften**
   Hier beschreiben wir unser Thema in wichtigen Botschaften. Dabei betonen wir die positiven Botschaften, adressieren Negatives so früh als möglich und versuchen Vorbehalte aufzufangen. Wir stellen sicher, dass wir unsere Stakeholder-Gruppen mit unserer Kommunikation abholen und auf sie eingehen.

Tab. 5.1 Umsetzungplanung – exemplarisch

Zeit	Zielgruppe	Medium	Was
Je nach Thema können hier ein Datum, eine Uhrzeit oder aber nur eine Reihenfolge stehen	Hier sollten sich die Stakeholder-Gruppen wiederfinden	Hier steht das jeweils zum Einsatz kommende Medium der Kommunikation	Hier führt man die Detailtiefe des jeweiligen Kommunikations- schrittes auf.
…	…	…	…

5.1.3.2 Umsetzung

Die Umsetzungsplanung ist ein detaillierter Plan, welches Medium wir wann ein-setzen und welche Zielgruppe wir damit ansprechen (Tab. 5.1).

Diese Umsetzungsplanung kann beliebig lange fortgeführt werden. Dies hängt von der Wichtigkeit des Themas ab und für welchen Zeitraum man es übergreifend begleiten will. Auf dieser Planung setzen dann meist die einzelnen, detaillierteren Redaktionspläne der angesprochenen Medien auf.

Wohl jede und jeder, die oder der mit Kommunikation zu tun hat, arbeitet mit solchen oder ähnlichen Übersichten – sie gehören zum gängigen Kommunikationshandwerk. Die tatsächliche und anspruchsvollere planerische Leistung liegt allerdings vor allen Dingen in der vorangegangenen Analyse.

Was Sie aus diesem *essential* mitnehmen können

- Nur Kommunikation mit rotem Faden bietet einen nachhaltigen Wert.
- Einen Ansatz, Ihre Kommunikation strategisch auszurichten.
- Ein praxiserprobtes System zur strukturierten Themeneinschätzung und operativem Themenmanagement.
- Die Erkenntnis, dass sich auch so etwas flexibles wie Kommunikation planen lässt.

© Der/die Herausgeber bzw. der/die Autor(en), exklusiv lizenziert durch Springer Fachmedien Wiesbaden GmbH, ein Teil von Springer Nature 2020
S. Schmid, *Themenplanung im Unternehmen,* essentials,
https://doi.org/10.1007/978-3-658-30061-6

Printed in the United States
By Bookmasters